W0056960

Stichwort

# EQ
# Emotionale
# Intelligenz

Andreas Huber

**Originalausgabe**

WILHELM HEYNE VERLAG
MÜNCHEN

HEYNE SACHBUCH
Nr. 19/4087

FACHLEKTORAT:
Prof. Dr. Otto

REDAKTION:
Christine Proske

GRAFIKEN:
Ralph Jenette

KONZEPTION UND REALISATION:
Christine Proske
(Ariadne Buchproduktion)

Copyright © 1996
by Wilhelm Heyne Verlag GmbH & Co. KG, München
Printed in Germany 1996
Umschlaggestaltung: Kaselow-Design
Herstellung: H + G Lidl, München
Satz: Satz & Repro Grieb, München
Druck und Verarbeitung: Pressedruck, Augsburg

ISBN 3-453-10893-0

# Inhalt

**I. Die Renaissance der Gefühle** ................ 7

**II. Die Natur der Gefühle** ..................... 9
1. Emotionen als evolutionäres Erbe ............ 9
2. Emotionstheorien: Wie Gefühle entstehen ...... 11

**III. Die Welt der Gefühle** ...................... 23
1. Emotionales Bewußtsein und »Affektlogik«..... 23
2. Die Intelligenz der Gefühle .................. 25
3. Intuition: Emotionale Kreativität ............ 30

**IV. Die soziale Dimension der Gefühle** .......... 32
1. Soziale Entwicklung der emotionalen Intelligenz 32
2. Soziale Kompetenz als moderne Erfolgsformel?.. 35
3. Motivation: Handeln mit viel Gefühl .......... 40
4. Persönlichkeit: Der emotionale Charakter....... 43
5. Männer und Frauen: Liebesglück?............. 47

**V. Die Wechselwirkung zwischen Gefühlen und Gesundheit** ......................... 51
1. Streß: Wenn Gefühle krank machen .......... 51
2. Gesunde Wir-Gefühle ..................... 54

**VI. Das Gefühlsmanagement** .................. 60
1. Emotionsbewältigung ..................... 60
2. Streßmanagement als Emotionskultur.......... 64
3. Emotionale Entspannung................... 68
4. Achtsamkeit und Konzentration als »Meta-Emotion« ........................ 72
5. Glück: Das höchste der Gefühle? ............ 76
6. Sport: Bewegung als leibseelische Gefühlskultur? 80
7. »Self Science«: Hohe Schule der Gefühle ...... 83

**VII. Die Logik des Herzens** ................... 85
1. »Ich fühle, also bin ich« .................. 85
2. Ökologie der Gefühle .................... 86

**VIII. Anhang** .............................. 88
Adressen ................................. 88
Weiterführende Literatur .................... 91
Stichwortregister ......................... 94
Verzeichnis der Grafiken und Tabellen .......... 95

# I. Die Renaissance der Gefühle

Vernunft ist alles, lautete bisher eine wesentliche Prämisse der westlichen Philosophie: Cogito ergo sum – ich denke, also bin ich. Erfolg hat danach, wer das Leben mit den Mitteln des rationalen Verstands bewältigt. Gefühle galten dabei eher als Störfaktoren.

Auch wenn ein hoher Intelligenzquotient lange als wichtigste Voraussetzung für ein gelingendes Berufs- und Privatleben angesehen wurde, war diese Annahme doch nie mehr als ein Mythos. Wie die moderne Wissenschaftssoziologie zeigt, darf man alle großen Erkenntnisse in der Ideengeschichte – ob von Newton oder Einstein, Heisenberg oder Planck – niemals nur als reine Ergebnisse großer Gedanken verstehen: Ohne motivierende Emotionen und »ahnungsvolle« Gefühle oder Intuitionen wären sie niemals zustandegekommen.

Die Trennung zwischen Emotion und Intellekt ist im Abendland tief verwurzelt, sie läßt sich bis in die Antike zurückverfolgen. In Wirklichkeit jedoch kann sich weder historisch noch individuell ein Denken entwickeln, das nicht von der Energie der Emotionen getragen und gestaltet würde.

Heute ist die Zeit offensichtlich reif für eine längst fällige Neuorientierung. In der Psychologie beispielsweise spricht man von einer »emotionalen Wende«: Vor allem Sozial- und Gesundheitspsychologen haben den lange unterschätzten Einfluß der Gefühle auf das menschliche Erleben und Verhalten erkannt. Neuere Erkenntnisse zeigen dabei, daß der Lebenserfolg nur zu etwa einem Fünftel von den traditionellen Faktoren der analytischen, rationalen Intelligenz abhängt.

Die in allen Lebensbereichen feststellbare »Renaissance der Gefühle« hat daher auch pragmatische Gründe. Wer sich in der immer komplexer werdenden Gegenwart und Zukunft nicht nur vom Kopf her mit seiner akademischen Intelligenz, sondern auch aus dem Bauch und Herzen heraus emotional intelligent zu orientieren weiß, der hat zunehmend Vorteile – sei es in der Arbeits- und Berufswelt oder in privaten Beziehungen.

# II. Die Natur der Gefühle

Kein anderes psychisches Phänomen ist wohl so elementar mit unserem Erleben verknüpft wie die Emotionalität. Meyers Lexikon beispielsweise definiert eine »Emotion« als »Gemütsbewegung« und »seelische Erregung«. Diese Charakteristik leitet sich auch vom Wortstamm her, da das zugrundeliegende lateinische »emotum« soviel wie »herausbewegt, emporgewühlt oder erschüttert« bedeutet.

## 1. Emotionen als evolutionäres Erbe

Für viele Emotionsforscher ist es eine wichtige Erkenntnis, daß wir ohne Emotionen entwicklungsgeschichtlich betrachtet nicht überlebensfähig gewesen wären. Bereits Charles Darwin setzte durch sein ausgeprägtes Interesse für den evolutionär bedingten, gleichen oder ähnlichen »Ausdruck der Gemüthsbewegungen bei Mensch und Tier« wichtige Impulse für die Emotionspsychologie.

Für den renommierten deutschen Emotionsforscher und Psychologieprofessor Klaus Scherer stellen Emotionen vor allem aus einem Grund ein evolutionäres Erbe dar: Sie sind seiner Meinung nach an die Stelle starrer, reflexartiger Reaktionsmuster im Sinne angeborener, instinktmäßiger Auslösemechanismen mit fest programmierten Verhaltensabläufen getreten. Je weniger feste Reiz-Reaktionsketten das Verhalten beherrschen, desto bedeutsamer werden Verhaltensregulationen durch die Emotionalität. Im Gegensatz zum emotionslosen, nur mechanisch reagierenden Einzeller oder Flagellaten verfügen daher alle höheren Organismen aufgrund ihrer emotionalen Verhaltenssteuerung über sehr viel flexiblere Handlungsmuster – von Zorn bis Sanftmut, Abscheu, Ärger, Freude oder Traurigkeit und vieles mehr.

## Ereignisabfolge bei der Entstehung eines Gefühls
### nach Robert Plutchik

| Reiz | Erschlossene Kognition | Gefühl | Verhalten | Effekt |
|---|---|---|---|---|
| Bedrohung | »Gefahr« | Furcht/Schrecken | Rennen/Weglaufen | Schutz |
| Hindernis | »Feind« | Ärger/Zorn | Beißen/Stoßen | Zerstörung |
| Potentieller Gefährte | »Besitz« | Freude/Ekstase | Werben/Paaren | Fortpflanzung |
| Verlust einer geschätzten Person | »Isolation« | Trauer/Kummer | Um Hilfe rufen | Reintegration |
| Gruppenmitglied | »Freund« | Akzeptanz/Vertrauen | Pflegen/Sich Kümmern | Sozialer Anschluß |
| Scheußlicher Gegenstand | »Gift« | Ekel/Abscheu | Erbrechen/Wegstoßen | Zurückweisung |
| Neuartige Umwelt | »Was ist hier los?« | Antizipation | Erforschen/Auskundschaften | Exploration |
| Plötzlicher neuartiger Gegenstand | »Was ist das?« | Überraschung | Anhalten/Aufmerken | Orientierung |

Wie dargestellt, entsteht eine Emotion als eine Art »Kettenreaktion«: Auf einen Reiz folgt eine Kognition, die eine subjektive Bewertung des Reizes ermöglicht; dies wiederum führt zu einem Gefühl, das bestimmte Handlungen vorbereitet.

## Menschliche Grundgefühle

Mit seinem psychoevolutionären Modell der »Acht Primäremotionen« wurde der amerikanische Psychologe Robert Plutchik bekannt. Demnach lassen sich in der Tradition evolutionsbiologischen Denkens acht primäre Gefühle unterscheiden: Furcht, Ärger, Freude, Traurigkeit, Vertrauen, Ekel, Erwartung und Überraschung. Wie in der Farbenskala sind die anderen »Gefühlstöne« das Ergebnis einer Mischung aus diesen Grundemotionen.

Wie in Robert Plutchiks Modell der *Ereignisabfolge bei der Entstehung eines Gefühls* dargestellt, spielt der funktionale, verhaltensbezogene Aspekt der Gefühlsentwicklung eine große Rolle, da der Organismus die Reize seiner Umwelt als irgendwie vorteilhaft oder gefährlich (wieder)erkennen, einschätzen und bewerten muß. Für Plutchik entsteht eine menschliche Emotion dabei als eine Art »Kettenreaktion«: Auf einen Reiz folgt eine Kognition, die eine subjektive Bewertung des Reizes ermöglicht; dies wiederum führt zu einem Gefühl, das jeweilige Handlungen vorbereitet, um einen bestimmten Effekt zu erzielen.

## 2. Emotionstheorien: Wie Gefühle entstehen

Um die Welt der Gefühle verstehen zu können, muß man sich bewußtmachen, daß das menschliche Gefühlserleben viele Dimensionen umfaßt. Diese reichen von Triebgefühlen über differenzierte Emotionen der Lust oder Unlust des alltäglichen Lebens bis hin zu hochentwickelten ästhetischen oder religiösen Gefühlen und an universellen ethischen Maßstäben orientierten Empfindungen der Gerechtigkeit, Freiheit, Gleichheit und Güte.

## Emotionale Erlebnisqualitäten:
## Gefühle und Stimmungen

In der Emotionsforschung lassen sich nach einer Analyse des Psychologen und Psychotherapeuten Hilarion Petzold im wesentlichen folgende emotionalen Erlebnisqualitäten beschreiben:

– Affekt: situationsabhängiges, kurzzeitiges emotionales Erleben mit starker körperlicher Beteiligung.
– Gefühl: situationsbezogenes, bewußtes wie unbewußtes emotionales Erleben mit physiologischen, kognitiven und verhaltensbezogenen Aspekten und bestimmtem Bedeutungszusammenhang.
– Leidenschaft: »Passion« als situationsübergreifende, aber für Situationsimpulse sensible, intensive Gefühlslage; Leidenschaften sind meist vom Erreichen eines bestimmten Erregungsniveaus abhängig.
– Stimmung: situationsübergreifende, relativ überdauernde emotionale Lage, die als »Hintergrunds-Stimmung« das individuelle Erleben prägt.
– Grundstimmung: situationsunabhängiges, langfristig überdauerndes, unbewußtes bis bewußtes persönlichkeitsspezifisches emotionales Erleben.
– Lebensgefühl: situationsunabhängige, temperamentbestimmte und persönlichkeitsspezifische, von verschiedenen Grundstimmungen geprägte Dauertönung des Erlebens.

Als eine Art Faustregel gilt in der Emotionspsychologie dabei folgende Unterscheidung: Emotionen entstehen plötzlich – wenn bestimmte Ereignisse den Gang der Dinge unterbrechen, behindern oder sonst beeinflussen – und dauern Sekunden oder wenige Minuten. Stimmungen dagegen sind gedämpftere oder weniger deutlich spürbare emotionale Zustände, die stunden- oder tagelang anhalten können. Während Emotionen eine Veränderung betreffen, sind Stimmungen dauerhaft.

In einem vergleichbar grundlegenden Sinne differenzieren auch die deutschen Emotionsforscher Hermann Schmitz und Otto Ewert zwischen Stimmungen und Gefühlen: Gefühle seien im eigentlichen Sinne stets auf einen bestimmten Gegenstand bezogen und daher »gegenständliche« oder »gerichtete Gefühle«: »Jede Freude ist Freude über etwas – und zwar etwas Bestimmtes –, jede Hoffnung Hoffnung auf etwas, jede Abneigung Abneigung gegen etwas.« Stimmungen dagegen hätten keinen bestimmten Gegenstand – vielmehr müsse man sie begreifen als Zuständlichkeiten oder »Färbungen des menschlichen Daseins«.

Bei der Frage, welche Merkmale Gefühle trotz dieser Vielfalt wesentlich gemeinsam haben, fand die Sozialwissenschaftlerin Agnes Heller in ihren Analysen den Aspekt des persönlichen Bezogenseins – und drückte dies durch eine griffige Formel aus: »Ich fühle = Ich bin in etwas involviert«. Heller betont, daß sich dieses bewertende Involviert-Sein auf sprichwörtlich alles richten kann: einen anderen Menschen, ein anderes Gefühl, einen Vorgang, eine Situation, ein Problem, einen selbst, eine Idee und so weiter.

In der Emotionspsychologie unterscheidet man von solchen eher aktuell, situationsbezogen entstehenden und eher kurz erlebten Gefühlen die zeitlich länger andauernden Stimmungen. Stimmungen wirken als emotionaler »Hintergrund« und können so das individuelle Erleben einige Stunden, Tage oder – als persönliches Temperament – ein Leben lang prägen. Die Definition

13

und Untersuchung von emotionalen Prozessen, ihrer Entstehung und ihrer Funktionen zählen prinzipiell zu den umfassendsten nun wiederentdeckten Gebieten in der Psychologie. Dies zeigt sich auch in der Vielzahl konkurrierender Definitionen oder Modelle zur Entstehung von Emotionen. Zur Erklärung emotionaler Prozesse werden im Grunde alle wichtigen Theoriezweige und Teilgebiete der Psychologie herangezogen, ob es sich nun um Wahrnehmung, Motivation, Denken, Kommunikation, Gedächtnis, Lernen, Verhalten oder anderes mehr handelt.

Trotz der Schwierigkeiten, Gefühle umfassend zu definieren, werden situationsbezogene Emotionen in der Psychologie im wesentlichen durch fünf Aspekte charakterisiert. Beim menschlichen Gefühlserleben sind demnach fünf Ebenen beteiligt:

– Physiologische Aktivierung wie körperliche Unruhe oder Erregung (»Eiskalt den Rücken runterlaufen«, »Schmetterlinge im Bauch haben«)
– Kognitive Bewertung und gefühlsbegleitende Gedanken (»Diese Unverschämtheit macht mich wütend«)
– Motorischer Ausdruck der Emotion (Lächeln, Naserümpfen, Stirnrunzeln etc.)
– Subjektiver, bewußt erlebter Gefühlszustand (»Ich bin sauer«, »Ich fühle mich sauwohl«)
– Verhaltensbereitschaft oder unwillkürlicher Handlungsimpuls (Jemandem um den Hals fallen/eine Ohrfeige geben wollen etc.)

Die Emotionspsychologie beschäftigt sich darüber hinaus im wesentlichen mit folgenden Fragen: Lassen sich Gefühle als rein körperlicher Aktivierungszustand verstehen? Inwieweit sind Kognitionen (definiert als alle Funktionen des Denkens, Urteilens, logischen Verknüpfens, Kategorisierens) an der Entstehung von Gefühlen beteiligt? Und was entsteht zuerst: die Gefühle oder die Gedanken?

## Gefühlsmerkmale

Die amerikanischen Psychologen Peter und Alice Kleinginna formulierten auf der Grundlage von genau 101 verschiedenen Emotionsdefinitionen eine Arbeitsdefinition. Demnach sind »Emotionen ein komplexes Interaktionsgefüge subjektiver und objektiver Faktoren, das von neuronalen und hormonalen Systemen vermittelt wird, die affektive Erfahrungen wie Gefühle der Erregung oder Lust/Unlust bewirken, kognitive Prozesse wie emotional bedeutsame Wahrnehmungseffekte, Einordnungen oder Bewertungen hervorrufen, physiologische Anpassungen an die emotionsauslösenden Bedingungen in Gang setzen sowie zu ausdrucksstarkem und zielgerichtetem Verhalten führen können«.

Der Münchner Emotionspsychologe Dieter Ulich kritisierte diese Arbeitshypothese, da sie dem Erlebnischarakter von Emotionen nicht gerecht werde. Er hingegen definierte Gefühlsregungen als

1. einzigartige, auf der
2. Grundlage von Betroffenheit und meist
3. unwillkürlich entstehende,
4. innerhalb zwischenmenschlicher Beziehungen erworbene, meist
5. über nichtverbale Kanäle vermittelte,
6. seelische, auf das eigene Bewußtsein bezogene Zustände, die meist mit einem
7. erhöhten Grad körperlicher Erregung erlebt werden, in denen sich die
8. Person als eher passiv erfährt und die dem
9. Bewußtsein und Erleben Kontinuität verleihen sowie
10. keine primäre Funktion außerhalb ihrer selbst haben.

So kann man prinzipiell die in der nebenstehenden Grafik dargestellten Gefühlstheorien unterscheiden.

In der sogenannten James-Lange-Theorie, die der amerikanische Psychologe William James und der dänische Mediziner Carl Lange Ende des letzten Jahrhunderts unabhängig voneinander formulierten, wird die Rolle von körperlichen Vorgängen bei der Gefühlsentstehung betont. Demnach sind die verschiedenen Drüsen-, Eingeweide- oder Muskelreaktionen als eigentlicher Emotionsprozeß zu begreifen: »Wir weinen nicht, weil wir traurig sind«, betonte William James in einer berühmt gewordenen Aussage, »sondern wir sind traurig, weil wir weinen.«

In weiteren Untersuchungen zeigte sich allerdings, daß innere physiologische Reaktionen oft langsamer ablaufen, als Gefühle erlebt werden – so konnte der Physiologe Walter Cannon zeigen, daß sich bei Schreckreaktionen etwa Herzschlag oder Darmtätigkeit erst deutlich nach dem subjektiven Schreckerleben verstärken.

Die wichtigste Kritik gegen die physiologische Gefühlstheorie von James und Lange stammt allerdings von den amerikanischen Sozialpsychologen Stanley Schachter und Jerome Singer: Wenn das Gefühlserlebnis nichts anderes sein soll als das jeweilige Erleben rein körperlicher Prozesse, dann müßte die Vielfalt unterschiedlicher Gefühlserlebnisse mit entsprechend vielfältigen körperlichen Reaktionsmustern einhergehen. Dies ist allerdings objektiv nicht der Fall – beispielsweise erhöht sich der Herzschlag bei Zorn ebenso wie bei Freude.

Auf der Grundlage eines bekannten Experimentes formulierten Schachter und Singer ihre »kognitiv-soziale Emotionstheorie«. Grundthese: Das emotionale Erleben ist sowohl von physiologischer Erregung wie auch von der kognitiven Bewertung der jeweiligen Situation abhängig.

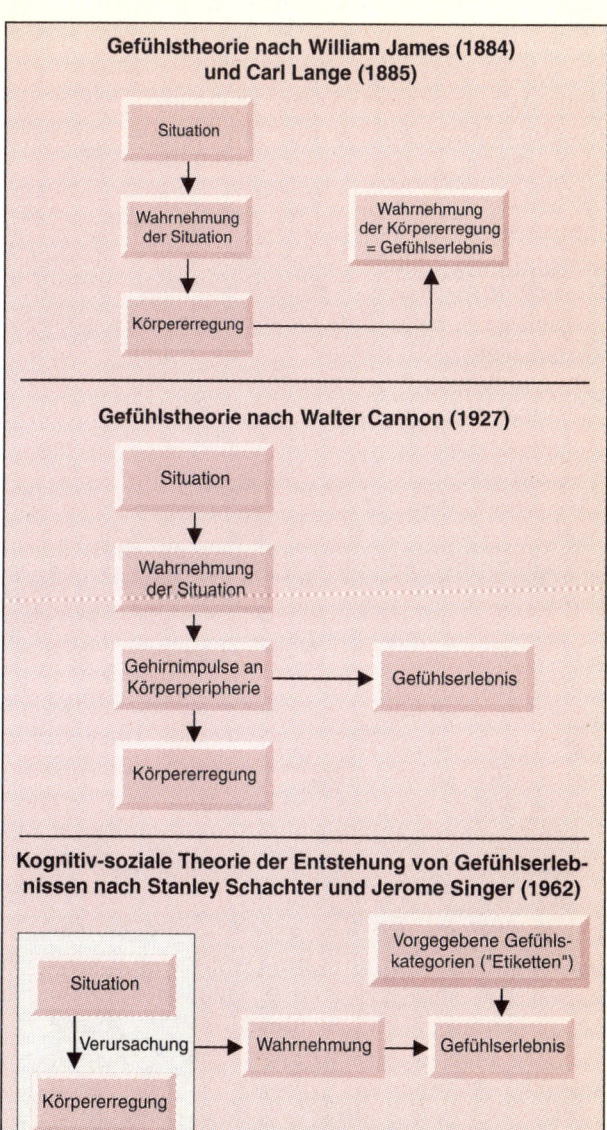

**Gefühlstheorie nach William James (1884)
und Carl Lange (1885)**

Situation

↓

Wahrnehmung
der Situation

↓

Körpererregung ——→ Wahrnehmung
der Körpererregung
= Gefühlserlebnis

**Gefühlstheorie nach Walter Cannon (1927)**

Situation

↓

Wahrnehmung
der Situation

↓

Gehirnimpulse an
Körperperipherie ——→ Gefühlserlebnis

↓

Körpererregung

**Kognitiv-soziale Theorie der Entstehung von Gefühlserleb-
nissen nach Stanley Schachter und Jerome Singer (1962)**

Situation

↓ Verursachung ——→ Wahrnehmung ——→ Gefühlserlebnis

Körpererregung

Vorgegebene Gefühls-
kategorien ("Etiketten")

↓

In ihrer Untersuchung versetzten die beiden Sozial-psychologen ihre Versuchspersonen mit einer als »Vit-aminspritze zur Erhöhung des Sehvermögens« getarnten Adrenalinspritze in den gleichen körperlichen Erre-gungszustand. Dieser wurde von den Teilnehmern ab-hängig von der Situation emotional völlig unterschied-lich erlebt: Waren sie mit einem fröhlichen Menschen zusammen, empfanden sie Freude, in einer negativen Umgebung reagierten sie dagegen verärgert.

Auch wenn in der Emotionspsychologie die genauen Zusammenhänge zwischen Kognition und Emotion – geht der Gedanke dem Gefühl voraus oder andersher-um – nicht endgültig erforscht sind, stellt heute niemand mehr in Frage, daß sie ganz eigenständige psychische Systeme verkörpern, zwischen denen jedoch enge Be-ziehungen und Wechselwirkungen bestehen.

So konnte beispielsweise der Emotionsforscher Ro-bert Zajonc in Wahrnehmungsuntersuchungen zeigen, daß Emotionen und Kognitionen sich als zwei unter-schiedliche, voneinander getrennte Systeme verstehen lassen. Emotionale Urteile entstehen demnach sehr viel schneller als kognitive – und können zudem völlig ohne kognitive Beteiligung ablaufen. Auch im Alltag wissen wir aufgrund emotionaler Prozesse häufig in Sekunden-bruchteilen, ob uns etwas gefällt oder nicht. Allerdings räumt Zajonc ein, daß die beiden Systeme sehr wohl mit-einander interagieren können – aber nicht müssen.

Der englische Sozialpsychologe James Averill wiede-rum beschäftigte sich insbesondere mit dem sozialen, si-tuativen oder umweltbezogenen Aspekt von Emotionen. Für Averill sind menschliche Emotionen wesentlich durch ihre weitreichenden sozialen Hintergründe be-dingt. Emotionen gelten für Averill daher niemals nur als subjektive Zustände einer Person; vielmehr geht es im emotionalen Erleben um eine bestimmte, durch das Ge-fühl geschaffene Beziehung des Menschen. Das bedeu-

18

tet, daß Gefühle immer Zustände des Sich-selbst-Erlebens in bezug auf die Umwelt sind.

Daß mittlerweile Emotionen und Kognitionen als zwei Seiten einer Medaille begriffen werden, beruht auch auf Erkenntnissen der Hirnforschung. So lassen sich für sie zwei getrennte neuroanatomische Strukturen identifizieren: Während für die höheren kognitiven Funktionen des Denkens die Großhirnrinde (Neokortex) zuständig ist, gilt das sogenannte limbische System mit dem Mandelkern (Amygdala) und dem Thalamus oberhalb des Hirnstammes als neurophysiologisches Zentrum unserer Emotionalität. Zwar entstehen Gefühle meist nicht in einer einzigen Gehirnregion, sondern durch eine neuronale Schaltung mehrerer Areale. Dennoch muß dem Mandelkern als Sitz des emotionalen Gedächtnisses eine Ausnahmestellung eingeräumt werden: Wie verschiedene Untersuchungen zeigen, kommt es im Falle beeinträchtigter oder fehlender Aktivität der Amygdala zu einer »Gefühlsblindheit«.

Aus der Tatsache, daß sich Gefühle in der Evolution lange vor der Sprache oder anderen kognitiven Funktionen des Denkens und Urteilens entwickelten und der (Über-)Lebensorientierung dienten, erklärt sich auch das Phänomen, daß Emotionen sehr viel schneller funktionieren als das bewußte Denken: Emotionale Prozesse sind schneller als das langsamere Denken im Neokortex. So spüren wir auch praktisch sofort, ob wir einen Menschen mögen oder nicht – lange bevor unser Kopf nach einer sorgfältigen Analyse zu einem Urteil gekommen ist. Diese Vorrangstellung des emotionalen Bewußtseins läßt sich an der sogenannten Alarmreaktion verdeutlichen: Entsteht im Mandelkern die Einschätzung, daß es sich um einen Notfall handelt, wird dort direkt – und ohne Umweg oder Rücksprache mit der Großhirnrinde – eine Alarmreaktion ausgelöst. Der Lebensretter etwa, der ein kleines Kind ertrinken sieht, springt nicht deshalb ohne Überlegen sofort ins Wasser, weil ihm dies sein rationales Bewußtsein befiehlt: Bevor er alle Vor- und Nachteile erwogen hätte, wäre es längst zu spät.

Wie in nebenstehender Grafik anhand der Geruchswahrnehmung verdeutlicht, herrscht unabhängig von diesen möglichen Alleingängen des limbischen Systems jedoch im allgemeinen ein Zusammenspiel der emotionalen und kognitiven Areale im Hirn: also zwischen dem limbischen System, Neokortex, Mandelkern, Thalamus und Präfrontallappen.

Emotionsforscher betonen dabei, daß diese Verbindungen zwischen neueren und älteren Hirnarealen eine Bedeutung für das Seelenleben haben, die weit über die Feinabstimmung von Emotionen hinausreicht. So ermöglicht es die evolutionär entstandene Integration des Neokortex, daß wir über Gefühle bewußt nachdenken, sie reflektieren und darüber sprechen können. Bei den wichtigsten Lebensentscheidungen vermittelt die Liaison zwischen Gefühl und Intellekt zudem die notwendige Orientierung: »Wahre Rationalität«, so der bekannte Emotions- und Hirnforscher Joseph LeDoux, »entsteht erst aus der Abstimmung beider.«

Wie die Emotionspsychologie zeigt, sind Emotionen also ein komplexes Phänomen unseres Daseins, bei dem physiologische, psychologische, verhaltensbezogene, ausdrucksbezogene mimisch-gestische sowie zwischenmenschliche und kulturelle Dimensionen eine Rolle spielen. Ein beispielhafter Versuch, dieser schwierigen und differenzierten Charakteristik von Emotionen umfassend gerecht zu werden, stammt von Hilarion Petzold, einem renommierten Psychologen, Psychotherapeuten und Philosophen. Petzold betont in seinem Modell der Emotions-Kultur ausdrücklich die komplexe Verbundenheit und wechselseitige Abhängigkeit des subjektiven »emotionalen Feldes« mit der »emotionalen Kultur« des gesellschaftlichen Umfelds.

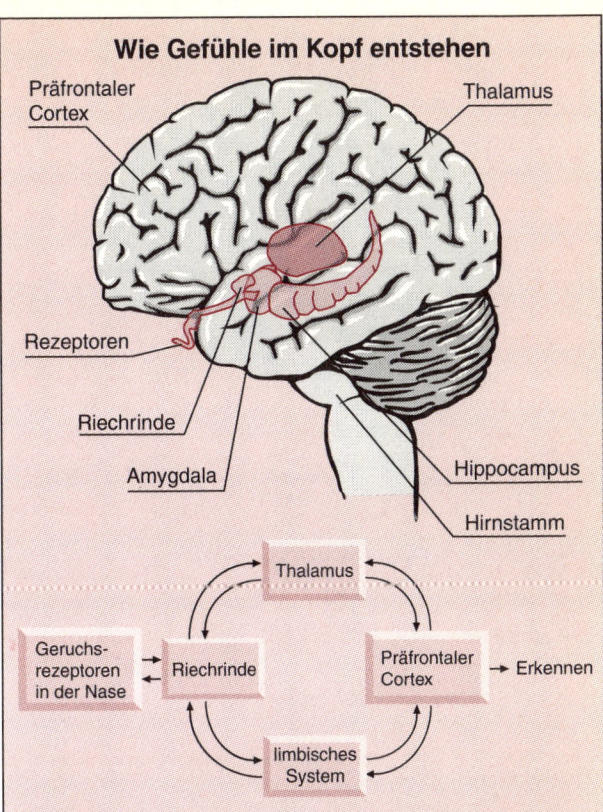

# Wie Gefühle im Kopf entstehen

Präfrontaler Cortex

Thalamus

Rezeptoren

Riechrinde

Amygdala

Hippocampus

Hirnstamm

Thalamus

Geruchs-rezeptoren in der Nase → Riechrinde

Präfrontaler Cortex → Erkennen

limbisches System

Die schematisch dargestellte Gefühlsentstehung am Beispiel einer Geruchsempfindung zeigt, wie vielfältig die verschiedenen Gehirnbereiche wechselseitig verbunden und rückgekoppelt sind. Die über die Nase wahrgenommenen Geruchsreize erfahren dabei vor allem im Zusammenspiel mit dem limbischen System – Amygdala und Hippocampus – ihre prägende Gefühlstönung, ehe sie dann durch weitere Verarbeitung und Vermittlung des Thalamus im Cortex bewußt wahrgenommen und auch sprachlich bezeichnet werden können.
Die tatsächlichen Verhältnisse auch einer einfachen Gefühlsempfindung wie der Geruchswahrnehmung sind allerdings noch komplexer, da durch Verbindungen mit den motorischen Hirnbereichen ("Naserümpfen") oder hormonalen Regulationen auch vegetative, körperlich spürbare Veränderungen oder Stimmungen hervorgerufen werden können – ein "fauler Geruch" läßt sich so durchaus als körperlich schmerzhaft empfinden.

## Das Leibsubjekt mit seinem emotionalen Feld und Kontinuum

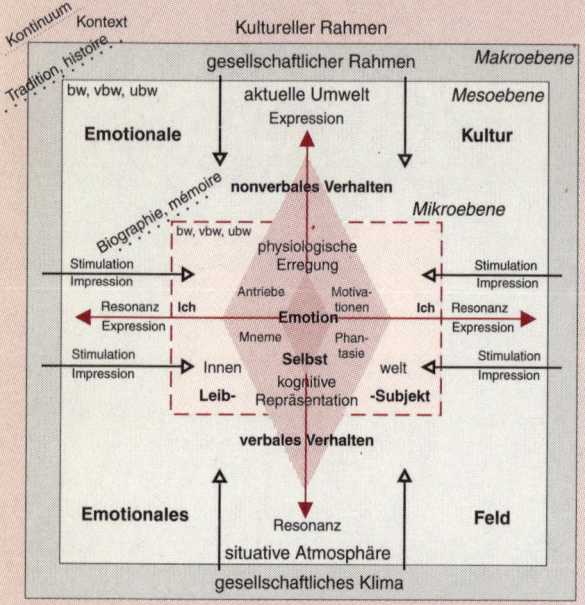

Das Leibsubjekt lebt in seiner aktualen Befindlichkeit mit dem Hintergrund biografischer Erfahrung (mémoire) und einer gegebenen kulturellen Tradition (histoire) in einer Verschränkung (deshalb gestrichelte Linien) von aktualer Umwelt und Innenwelt. Impressionen (d.h. Außenstimulierungen durch Ereignisse im Kontext oder Innenstimulierungen durch motivationale Kräfte, z.B. Antriebe, Erinnerungen, Phantasien) führen zu "physiologischen Erregungszuständen" und "kognitiven Repräsentationen" der inneren und/oder äußeren Ereignisse. Die Synergie dieser Faktoren als Resonanzphänomene sind die Emotionen, die hinter den sichtbaren und hörbaren Verhaltensäußerungen stehen, zur Expression drängen und die damit das "emotionale Feld" konstituieren sowie die Qualität der "emotionalen Kultur" prägen.

Quelle: Petzold, Hilarion (Hrsg.): Die Wiederentdeckung des Gefühls. Jungfermann Verlag, Paderborn 1995, S. 212.

# III.  Die Welt der Gefühle

Auch wenn lange Zeit infolge der Betonung des rationalen und logischen Denkens der Wert der Gefühle für unser Leben mißachtet wurde, zeigt sich nun immer deutlicher, daß die komplexen Probleme und Herausforderungen der postmodernen Welt ohne die Intelligenz der Gefühle nicht umfassend bewältigt werden können. So betont der amerikanische Emotionsexperte Daniel Goleman aufgrund neuerer entwicklungs- und sozialpsychologischer Langzeitstudien, daß der Lebenserfolg – unabhängig ob im privaten oder beruflichen Bereich – nur zu etwa 20 Prozent von rationaler, logischer oder kognitiver Intelligenz abhängt. Den großen Rest muß dagegen die lange unterschätzte soziale oder emotionale Intelligenz bewältigen: »In einer zunehmend komplizierten Welt, in der Verhandlungsgeschick, Einfühlungsvermögen und Selbstdarstellung immer wichtiger werden, sind emotional Intelligente den Intelligenzbestien alten Typs nachweislich weit überlegen«, zieht Psychologe und Publizist Heiko Ernst ein grundlegendes Fazit.

Nicht mehr der Intelligenzquotient, die Logik und das sprachliche Geschick bestimmen unser Schicksal, sondern wesentlich die emotionale Intelligenz  – die Intelligenz der Gefühle, der »EQ«.

## 1. Emotionales Bewußtsein und »Affektlogik«

Die elementare Bedeutung der Emotionen blieb zwar lange unbeachtet, allerdings nicht generell verkannt. So hatte schon der französische Philosoph Jean-Paul Sartre in ausführlichen Analysen ein eigenständiges »Emotionales Bewußtsein« begründet und formuliert.

Sartre zeigte, daß Emotionen keineswegs als zufällig auftretender psychischer Zustand oder als von außen kommende Störung des ansonsten reinen Bewußtseinsstroms verstanden werden dürfen. Vielmehr müssen sie als eigenständige Bewußtseinsform im Sinne eines »emotionalen Bewußtseins« mit eigenen Wissens- und Erkenntnisstrukturen begriffen werden. Erst das emotionale Bewußtsein und Erleben ermöglicht demnach eine besondere Form der Beziehungen des Menschen in und zu seiner Welt – diejenige des unmittelbaren Involviertseins und vitalen Betroffenseins.

Ein anderes einflußreiches Konzept der Emotionsforschung hat der Schweizer Psychologe und Systemtheoretiker Luc Ciompi entwickelt. In seinem Modell der »Affektlogik« zeigt Ciompi, wie und warum emotionale, intellektuelle und soziale Vorgänge als verschiedene Aspekte desselben Gesamtphänomens und -prozesses aufgefaßt werden müssen.

Er versucht zu begründen, daß weder in der Wissenschaft noch im alltäglichen Leben ein Denken existiert, das nicht gleichzeitig von mehr oder minder intensiven Gefühlen begleitet oder getragen wäre. Ciompi ist daher überzeugt davon, daß es ein reines Denken – oder ein reines Gefühl – nicht gibt, sondern beide psychischen Grundfunktionen des Menschen untrennbar miteinander verbunden sind.

Für Ciompi folgt dieses Zusammenspiel zudem ganz bestimmten Regeln. Die wichtigste: Emotionen können die kognitiven Funktionen organisieren und integrieren, da sie wie ein Leim dem Netzwerk der kognitiven Strukturen inneren Halt verleihen.

Die Psyche ist für Ciompi daher als eine Art Doppelsystem mit einem affektiven und einem kognitiven Pol zu verstehen, die aber unzertrennlich zusammengehören und sich auch gemeinsam herausbilden: Die Grundlage allen bewußten wie unbewußten psychischen Erlebens besteht aus einer komplex verschachtelten Hierarchie zwischen Fühl-, Denk- und Handlungsprogrammen, die fortwährend entstehen und gleichzeitig ein »Konzentrat« der gesamten Erfahrung darstellen. Auch Kommunikation und Wahrnehmung sind ohne solche vorgebahnten Fühl-, Denk- und Verhaltensprogramme nicht denkbar. Insgesamt gestalten Gefühle also den »Rahmen«, innerhalb dessen sich ein bestimmtes Denksystem erst entwickeln kann.

Schon der russische Psychologe Lew Vygotsky hatte die Isolierung der intellektuellen Seite unseres Bewußtseins von seiner emotionalen als einen der schwerwiegendsten und entscheidendsten Fehler der traditionellen Psychologie erkannt. Das Denken ist keine vermeintlich autonome Strömung oder übergeordnete Instanz, vielmehr wurzelt die Sprache selbst in der nicht-verbalen, emotional bestimmten Erfahrung. Andere Sprach- und Emotionsforscher gehen sogar davon aus, daß Gedanken evolutionsgeschichtlich wahrscheinlich als abstrakte und gefühlsähnliche psychische Formen in den tieferen Schichten des Bewußtseins entstanden sind: die Höherentwicklung des Gehirns führte dazu, daß diese dann als konkrete Wort- oder Begriffsymbole sprachlich ausgedrückt werden konnten.

## 2. Die Intelligenz der Gefühle

Der amerikanische Psychologe Howard Gardner revolutionierte Mitte der siebziger Jahre mit seinem Konzept der sogenannten multiplen Intelligenzen die Psychologie. Er wies darin nach, daß der Intelligenzbegriff jahrzehntelang viel zu reduziert gefaßt worden war. Seine Grundthese lautete dagegen: Intelligenz dürfe nicht nur akademisch einseitig als mathematische, sprachliche oder technische Intelligenz verstanden werden, sondern müsse auch »Bewegungsintelligenz« sowie musische, personale, oder interpersonale Fähigkeiten als Intelligenzaspekte umfassen.

## Vom IQ zum EQ?

Der amerikanische Publizist und Psychologe Daniel Goleman hat, mit seinem in den USA überraschend zum Bestseller avancierten populärwissenschaftlichen Buch »Emotional Intelligence« viel Aufsehen erregt. Darin macht er vor allem den EQ-Begriff – »Emotional Quality«, Emotionale Qualität, in Analogie zum bekannten IQ, dem Intelligenz-Quotienten – einem breiteren Publikum bekannt.

Goleman beruft sich dabei auf den Intelligenzforscher Peter Salovey von der Yale-University, der dieses Konzept bereits 1986 formulierte.

Unabhängig von allen populärwissenschaftlichen Modeströmungen könnte die Verbindung »IQ + EQ« – Intelligenz des Kopfes plus Intelligenz des Herzens – durchaus zu einer glücksversprechenden Erfolgsformel werden.

Auch wenn die Rede von einem EQ in Analogie zum IQ plausibel erscheinen mag, sind die Ähnlichkeiten – abgesehen von der Tatsache, daß sowohl Denken wie Fühlen zu bestimmten Wissensformen führen – eher begrenzt. So betont Goleman, daß so etwas wie ein EQ-Test praktisch undenkbar sei, da derart komplexe Qualitäten wie Einfühlungsvermögen oder Menschenkenntnis nicht einfach wie eine Rechenaufgabe in einem Test bestimmt werden könnten.

Allerdings gibt es bereits heute einzelne Verfahren, die Teilaspekte der emotionalen Intelligenz zumindest qualitativ erfassen können. Dazu zählt insbesondere das »Profile of nonverbal sensibility« (PONS): Mit diesem Test ermitteln Psychologen anhand eines Films – oder gezeichneter Vorlagen –, wie gut Menschen den Gefühlsausdruck anderer erkennen oder sich in die Gefühle der Handelnden einzufühlen vermögen. Da sich zudem gezeigt hat, daß Menschen mit entwickelter emotionaler Intelligenz optimistischer als andere sind, kann man auch Verfahren, in denen der jeweilige Optimismus ermittelt wird, im weiteren Sinne als »EQ-Test« bezeichnen. Goleman zählt zu diesen Möglichkeiten ausdrücklich auch den sogenannten »Marshmallow-Test« zur Erfassung der »Impulskontrolle« bei Heranwachsenden: Der amerikanische Sozialpsychologe Walter Mischel stellte dabei Kinder im Vorschulalter vor die Wahl, entweder eine der schaumigen Süßigkeiten gleich zu essen, oder aber eine halbe Stunde zu warten – dann bekämen sie sogar zwei davon. Zwei von drei Kindern griffen entweder sofort oder nach kurzem Zögern zu, ein Drittel dagegen hoffte auf die noch bessere Zukunft.

Wie sich viele Jahre später zeigte, waren die impulskontrollierteren Kinder als junge Erwachsene in ihrer emotionalen Intelligenz vergleichsweise sehr viel stärker entwickelt: Sie waren vor allem sozial umgänglicher, beliebter und selbstbewußter als die Zweidrittel-Mehrheit der anderen Marshmallowkinder, die nicht hatten warten können. Letztere verhielten sich sehr viel eigensinniger als die emotional Ausgeglichenen und zeigten sich schnell frustriert. Goleman versteht die Fähigkeit, affektive Impulse zu kontrollieren und mit seinen Gefühlen frustrationstolerant und selbstdizipliniert umzugehen, als eine Art Königsweg für emotional intelligentes Verhalten. Es ermöglicht nämlich prinzipiell, die emotionalen Kräfte konstruktiv zu nutzen, ohne sich von ihnen unüberlegt mitreißen zu lassen.

Es ist darauf hinzuweisen, daß der Begriff der sozialen Intelligenz bereits in den zwanziger Jahren vom Intelligenzforscher Edward L. Thorndike in die Diskussion gebracht wurde. Diese von Thorndike als »Fähigkeit, andere zu verstehen, und in menschlichen Beziehungen klug zu handeln« beschriebene Intelligenzform fand allerdings bei seinen Kollegen keine Resonanz – die Forschung beschränkte sich bis in die achtziger Jahre auf die Untersuchung der akademischen Intelligenzaspekte.

In Gardners bahnbrechendem Modell »multipler Intelligenzen« kann man folgende Aspekte unterscheiden:

- Sprachintelligenz
- Logisch-mathematische Intelligenz
- Räumliches Wahrnehmungsvermögen
  (räumliche Orientierung, Formbildung und -veränderung sowie die Fähigkeit, imaginative oder mentale Bilder zu entwickeln)
- Musikalische Intelligenz
  (Wahrnehmung und Produzieren akustischer Ton- oder Klangmuster)
- Körperlich-motorische Intelligenz
  (Fähigkeiten der motorischen Bewegung und Koordination, beispielsweise im Tanz oder Sport)
- Intrapsychische Intelligenz
  (Verständnis der eigenen Gefühle, des eigenen Selbst und Entwicklung eines Identitätsbewußtseins)
- Interpersonale Intelligenz
  (Verstehen anderer, ihrer emotionalen Befindlichkeiten und Verhaltensweisen)

Gardner bezeichnete die beiden letztgenannten Formen der inter- und intrapersonalen Intelligenz als personale oder soziale Intelligenz.

Ende der achtziger Jahre differenzierte der Intelligenz- und Emotionsforscher Peter Salovey von der Yale-

28

University zusammen mit dem Psychologen John Mayor die von Howard Gardner beschriebenen Dimension der personalen oder sozialen Intelligenz in fünf Grundmerkmale und nannte sie »Emotionale Intelligenz«:

1. Emotionale Selbstwahrnehmung: Die eigenen Gefühle zu erkennen ist ein elementarer Grundbaustein der emotionalen Intelligenz und des Selbstverständnisses. Wer die eigenen Gefühle nämlich nicht erkennt oder versteht, ist ihnen – im Falle von Ärger oder Angst beispielsweise – fatalerweise ausgeliefert.
Eine entwickelte Selbstwahrnehmung ermöglicht vor allem ein Verständnis für die Hintergründe emotionaler Reaktionsmuster – eine unabdingbare Voraussetzung für die Selbstkontrolle. Wer auf diese »innere Stimme« hören kann, hat bei allen wichtigen Entscheidungen im Leben einen exzellenten Ratgeber zur Seite. Gleich ob es darum geht, welches Studium oder welchen Beruf wir wählen, welchen Menschen wir vertrauen oder unsere Liebe schenken – da die Vernunft in solchen Bereichen blind ist, braucht man dazu intuitive Gefühlsklugheit, die man über die emotionale Selbstwahrnehmung im Laufe des Lebens erwirbt.

2. Emotionen gestalten: Wer mit seinen eigenen Emotionen gut zurechtkommt, ihre Hintergründe versteht und sie konstruktiv zu bewältigen weiß, verfügt über eine wertvolle Hilfe bei der Lebensorientierung.

3. Emotionen produktiv nutzen: Die Frage, wie man die Kraft und Intelligenz der Gefühle in die Tat umsetzt, zählt ebenfalls zu den elementaren Aspekten eines klugen Umgangs mit Emotionen. Einen wesentlichen Bestandteil bildet dabei die Fähigkeit, sich selbst intrinsisch, also von innen her, mit viel Elan und Hingabe motivieren zu können.

4. Empathie: Mitfühlen oder das Vermögen, sich in die emotionale Befindlichkeit eines anderen Menschen zu

versetzen, bildet die Grundlage der vielgerühmten »Menschenkenntnis«.

5. Umgang mit sozialen Beziehungen: Wer mit den Emotionen anderer umzugehen versteht, wird sich auch in der sozialen Welt schnell und intelligent orientieren können. Man ist dadurch in der Lage, andere zu motivieren – und zu durchschauen, wo falsche Freunde lauern oder Intrigen gesponnen werden.

Viele Emotionspsychologen betrachten es mittlerweile als sehr wahrscheinlich, daß alle Formen von emotionaler Intelligenz ebenso vererbt werden können wie die kognitiven Fähigkeiten. Sie gehen jedoch davon aus, daß diese Anlagen – dem sozialen Wesen der Gefühle entsprechend – sehr »plastisch« und formbar sind. Sicherlich liegt das Fundament dazu in den emotional prägenden Erfahrungen der Kindheit; dennoch sind im Laufe des Lebens noch weitreichende »Nachbesserungen« und Weiterentwicklungen der menschlichen Gefühlswelt möglich.

### 3. Intuition: Emotionale Kreativität

Aha-Erlebnisse und Intuitionen als unmittelbare innere Erkenntnisse erfordern weder Logik noch Überlegung – wie das »*Heureka!*« – »Ich hab's!« des Archimedes anläßlich einer der bekanntesten intuitiven Einsichten der Weltgeschichte bezeugt. Es handelt sich eindeutig um eine Gefühlsäußerung, die auf einer weitreichenden Erkenntnis beruht: Ohne eine innere emotionale Aufwühlung und Motiviertheit wäre sie überhaupt nicht möglich gewesen.

Dies ist nur ein Beispiel dafür, daß Gefühle, Emotionen, Affekte und Stimmungen an jedem intuitiven oder kreativen Akt beteiligt sind. Intuitionen gelten in der Psychologie als emotionale Phänomene, da durch sie

30

eine Sache direkt, unmittelbar und ohne kognitive Verstandestätigkeit erfaßt wird. Die Nähe der Intuitionen zum emotionalen Empfinden verdeutlicht die Tatsache, daß sie oft mit körperlichen Empfindungen einhergehen. Trotzdem kommen Intuitionen niemals wie ein Blitz aus heiterem Himmel. Sie sind vielmehr das Resultat eines dem bewußten Denken unzugänglichen und auch überwiegend unbewußt bleibenden emotional beeinflußten Verarbeitungsprozesses. Psychologen wie Philip Goldberger empfehlen daher prinzipiell, um die intuitiven Potentiale im Alltagsleben selbst kreativer nutzen zu können: »Achte auf Deine Gefühle! Kultiviere ihre Vielfalt und Nuancen.«

## Heureka

Die Bedeutung der Intuition und der Kreativität der Gefühle bezeugen folgende Episoden eindrucksvoll:

- »Heureka« rief Archimedes aus, als er in eine Badewanne stieg und urplötzlich das Prinzip der Wasserverdrängung begriff.
- Newton erkannte das Problem der Gravitation – der kosmisch wirkenden gegenseitigen Anziehung von Massen – schlagartig, als ihm ein Apfel vom Baum auf den Kopf fiel.
- Vom britischen Premier Winston Churchill ist bekannt, daß er einen deutschen Bombenangriff auf London 1941 nur überlebte, weil er eine ihm geöffnete Autotüre intuitiv ignorierte – und gegen alle Gewohnheit auf der anderen Autoseite einstieg. Wenige Sekunden später detonierte in unmittelbarer Nähe eine Bombe und ließ das Auto umstürzen. Churchill überlebte nur, weil die Seite, auf der er ausnahmsweise saß, am wenigsten beschädigt wurde.

# IV. Die soziale Dimension der Gefühle

Während die Verhaltenswissenschaften die Bedeutung der emotionalen und sozialen Aspekte menschlichen Erlebens und Verhaltens lange unterschätzten, stehen diese nun zunehmend im Mittelpunkt des sozialwissenschaftlichen Interesses. Dabei werden Emotionen als wesentliche zwischenmenschliche Phänomene begriffen, die ihre existentielle Bedeutung in sozialen Begegnungen entwickeln.

## 1. Soziale Entwicklung der emotionalen Intelligenz

»Emotionen werden nicht nur von der Entwicklung geprägt«, betont der Sozial- und Entwicklungspsychologe Dieter Ulich, »sondern sie organisieren selbst die Entwicklung.«

Für den Entwicklungspsychologen Otto Kruse lassen sich die Aufgaben der emotionalen Entwicklung dabei zusammengefaßt folgendermaßen beschreiben: Jeder Mensch muß zunächst seine Gefühlswelt kennenlernen, Vertrauen in die eigene Emotionalität gewinnen und lernen, seine Gefühle zu beherrschen. Dies beinhaltet auch die Fähigkeit, anderen Menschen die eigenen Gefühle mitzuteilen. Zusätzlich muß man die vielfältigen emotionalen Bezüge zu den unterschiedlichen Lebensbereichen wie Arbeit, Familie, Freizeit oder Gesundheit miteinander koordinieren können. Kruse betont, daß solche Wachstumsprozesse als wahre Lebensaufgaben zu verstehen sind: so müsse man sich bei einer bewußten Entwicklung der Emotionalität über ihre Entstehungsbedingungen ebenso klar werden wie über die Zusammenhänge mit dem eigenen Selbstkonzept. Zudem wirkten grundlegende Einstellungen wie Egoismus und Altruismus, Abgrenzung und Verbundenheit, Moral und Aggression als fundamentale emotionale Kräfte in jedem Menschen, deren Widersprüche im Sinn einer »individuellen Lebensphilosophie« erkannt und ausbalanciert werden müßten.

Die Forschung geht heute davon aus, daß Babys aufgrund einer angeborenen Bereitschaft schon in ihren ersten Lebenstagen soziale Reize emotional wahrnehmen und auf sie reagieren: Wie sogenannte mikroanalytische Studien belegen, reagieren bereits Säuglinge durch deutliche Resonanzbewegungen auf den emotionalen und sprachlichen Rhythmus der Mutter. Die dabei entstehenden Gefühle bilden die motivationale Grundlage, auf der dann später das Denken und die Sprache entwickelt werden. Sind alle drei psychischen Fähigkeiten ausgebildet, treten die verschiedenen Ebenen mit der Zeit in ein enges, wechselseitig bezogenes Verhältnis – wobei kognitive, emotionale und soziale Phänomene im individuellen Erleben immer mehr zu Teilen eines übergeordneten Ganzen verschmelzen.

Der amerikanische Psychologe und Intelligenzforscher Howard Gardner kam in entwicklungspsychologischen Studien zum Ergebnis, daß man bei Kindern und Jugendlichen dann von einer gelingenden emotionalen Entwicklung sprechen kann, wenn sie folgende vier Fähigkeiten beherrschen:

– persönliche Verbindungen und Freundschaften einzugehen,
– soziale Beziehungsstrukturen zu analysieren und zu verstehen,
– Gruppen zu organisieren sowie
– mit Konflikten umzugehen und Lösungen auszuhandeln.

Kinder, denen es gelingt, solche Aufgaben und Probleme zu bewältigen, entwickeln im späteren Leben als Er-

# Stufen der intellektuellen und affektiven Entwicklung
### nach Jean Piaget (1981)

| A. Sensumotorische Intelligenz | Intra-individuelle Gefühle |
|---|---|
| I. Die ererbte Organisation | Die ererbte Organisation |
| Sie umfaßt Reflexe und Instinkte | Sie umfaßt Instinkte und alle anderen Reaktionen |
| II. Erste erworbene Schemata | Erste erworbene Gefühle |
| Sie umfassen die ersten Gewohnheiten und differenzierten Wahrnehmungen. Sie erscheinen vor der sensumotorischen Intelligenz | Dies sind Freude, Trauer, Annehmlichkeit, Unnannehmlichkeit, verknüpft mit Wahrnehmungen, wie auch differenzierte Gefühle der Zufriedenheit und der Enttäuschung bezogen auf Handlungen |
| III. Sensumotorische Intelligenz | Affekte, die intentionales Handeln regulieren |
| Sie umfaßt die Strukturen, die zwischen sechs oder acht Monaten und dem Erwerb der Sprache im zweiten Jahr erworben werden | Diese Regulation im Sinne Janets schließt Gefühle ein, die mit der Aktivation und Retardation von Handlung verknüpft sind, mit der Bestimmung der Reaktionen wie Gefühl des Erfolgs und Mißerfolgs |
| **B. Verbale Intelligenz** | **Interpersonale Gefühle** |
| IV. Präoperationale Repräsentationen | Intuitive Affekte |
| Ab jetzt wird Handlung internalisiert. Obwohl dies Denken erlaubt, ist Denken noch nicht reversibel | Diese umfassen elementare Gefühle und den Beginn moralischer Gefühle |
| V. Konkrete Operationen | Normative Gefühle |
| Diese Stufe dauert von sieben oder acht bis zehn oder elf Jahre. Sie ist gekennzeichnet durch den Erwerb elementarer Operationen von Klassen und | Diese Stufe ist charakterisiert durch das Auftreten autonomer moralischer Gefühle zusammen mit der Intervention des Willens. Was gerecht ist und was |

| | |
|---|---|
| Relationen. Formales Denken ist noch nicht möglich | ungerecht ist, hängt nicht länger vom Gehorsam gegenüber einer Regel ab. |
| VI. Formale Operationen | Idealistische Gefühle |
| Diese Stufe beginnt mit elf oder zwölf Jahren, aber sie ist nicht vor dem 14. oder 15. Lebensjahr vollständig realisiert. Sie ist charakterisiert durch Denken, das sich logischer Propositionen – losgelöst vom Inhalt – bedient | In dieser Stufe sind Gefühle für andere Leute überlagert durch Gefühle für kollektive Ideale. Parallel dazu läuft die Entwicklung der Persönlichkeit, wobei das Individuum sich selbst eine Rolle und Ziele im sozialen Leben zuweist |

Quelle: Mandl, Heinz; Huber, Günter: Emotion und Kognition. Psychologie Verlags Union. München 1993.

wachsene deutlich häufiger jene Charakteristika emotionaler Intelligenz, die offenbar das Erreichen von gesellschaftlichem Erfolg oder privatem Glück erleichtern: Charme bzw. Charisma.

## 2. Soziale Kompetenz als moderne Erfolgsformel?

Soziale Kompetenz ist ein wesentlicher Aspekt emotionaler Intelligenz. Nach einer Definition des Psychologen und Pädagogen Werner Faix bedeutet sie das Ausmaß, in dem ein Mensch im menschlichen Miteinander, im privaten, beruflichen und gesamtgesellschaftlichen Kontext selbständig, umsichtig und konstruktiv zu handeln vermag. Soziale Kompetenz stellt für den Psychologen den roten Faden dar, der sich durch sämtliche Lebensbereiche zieht und erst das Zusammenleben mit anderen ermöglicht.

Unter sozialer Kompetenz oder Sozialkompetenz versteht die heutige Forschung insgesamt die Fähigkeit, zwischenmenschliche Kommunikation und Interaktio-

## Emotionale Kommunikation

In der menschlichen Kommunikation existieren zwei verschiedene Ebenen: Auf der einen Seite steht der rein sachbezogene, informative Inhalt, auf der anderen die emotionale Beziehung zwischen den Kommunikationspartnern. Sie hat neben einem informationsübermittelnden Inhaltsaspekt also auch einen Beziehungsaspekt: Wir definieren daher bei jeder Interaktion unsere emotionale Beziehung zum anderen – bewußt oder unbewußt.

In einer wichtigen Differenzierung geht der Kommunikationswissenschaftler und Psychologe Friedemann Schulz von Thun davon aus, daß zwischenmenschliche Interaktion eine »vierdimensionale« Angelegenheit sei. Im Bild des sogenannten Nachrichtenquadrates sind diese vier kommunikativen Dimensionen – Sachinhalt, Selbstoffenbarung, Beziehung und Appell – zusammengefaßt:

### Die vier Faktoren einer Nachricht

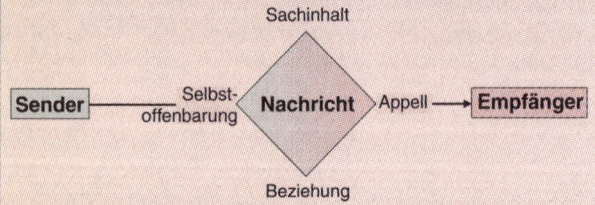

– Inhaltsaspekt: Worüber wird informiert?
»Es ist« – Jede kommunikative Mitteilung oder »Botschaft« enthält einen rein sachbezogenen Inhaltsaspekt.

Für die emotionale Kommunikation und die zwischenmenschlichen Interaktionsprozesse sind dagegen die restlichen drei beziehungsbezogenen Aspekte einer Botschaft bedeutungsvoll, da in ihnen ausnahmslos Gefühle ausdrückt werden und eine wichtige Rolle spielen:

– Selbstoffenbarungsaspekt: Was gibt man von sich selbst kund?
  »Ich bin« – In diesem Fall drückt der Sender innerhalb der zwischenmenschlichen Kommunikation – neben und mit der sachbezogenen Botschaft – seine eigene emotionale Befindlichkeit aus.
– Beziehungscharakter: Was hält man vom anderen, wie ist das gegenseitige Verhältnis?
  »Wir sind« – Jede Kommunikation ist auch als eine Beziehungsdefinition zu charakterisieren, deren emotionale Färbung wiederum die Beziehung und ihre Interaktionen bestimmt.
– Appellcharakter: Wozu möchte ich das Gegenüber veranlassen?
  »Du sollst« – Ein Gemeinplatz in der Kommunikationsforschung ist mittlerweile die Feststellung, wonach jeweilige Aussagen, Botschaften etc. (auch) die Funktion haben, den Empfänger emotional zu beeinflussen.

So beschreibt der Sozialpsychologe Lothar Laux den Appellcharakter der emotionalen Kommunikation als »Interaktionsregulation«. Für Laux geht es in diesem Verhalten wesentlich um eng miteinander zusammenhängende Prozesse der absichtsvollen Eindrucks- und Effektregulierung durch das kommunikative Verhalten, zu der sich in besonderem Maße der Ausdruck und die Darstellung von Emotionen eigne. Unter Eindrucksabsichten – vergleich-

bar dem Selbstoffenbarungsaspekt des Nachrichtenquadrates – versteht Laux ein Kommunikationsverhalten, bei dem man dem Partner zeigen möchte,
daß man sich schlecht fühlt, ein Bedürfnis nach
Nähe verspürt, einlenken möchte, wütend, ent-
täuscht, unzufrieden ist oder ähnliches. Diese emotionale Selbstdarstellung soll beim Partner im Sinne
der Effektabsichten entsprechende Wahrnehmungen
und insbesondere Gefühle – wie Schuldeingeständ-
nis, Verständnis und Aufmerksamkeit, sich beruhigen oder sich schlecht fühlen und so weiter – hervorrufen, um ein bestimmtes Verhalten auszulösen. Die
drei beschriebenen Beziehungsaspekte können entweder direkt angesprochen und bewußt ausgedrückt
(»Ich liebe dich!«) oder aber nur indirekt und unbewußt – meist über Tonfall, Gestik, Mimik etc. – vermittelt werden.

nen mit anderen vor allem emotional konstruktiv und ko-
operativ zu gestalten.

Kommunikationsfähigkeit und soziale Kompetenz ge-
wannen in den letzten Jahren insbesondere in der Ar-
beits- und Berufswelt an Bedeutung. Dies erklärt sich im
wesentlichen mit dem fundamentalen Strukturwandel
der Wirtschaft und der Entwicklung von einer Industrie-
zu einer Dienstleistungsgesellschaft. Da in diesem tief-
greifenden Umbau der Arbeitswelt anstelle der Waren
und Produkte zunehmend die Menschen – als Kunden,
Kollegen und Mitarbeiter – in den Mittelpunkt rücken,
wird soziale Kompetenz als grundlegende Fähigkeit,
Menschen zu verstehen und mit ihnen richtig umzugehen, immer wichtiger.

Soziale Kompetenz gilt daher als eine der zukunfts-
weisenden Schlüsselqualifikationen im Sinne von Einfühlungsvermögen, Teamfähigkeit, Verständnisbereit-

schaft, Kommunikations-, Kooperations- oder Konflikt-lösungsfähigkeit. Im Rahmen betrieblicher Fort- oder Weiterbildung kann man das Gesprächs- oder Sozialver-halten im Sinne sozialer Kompetenz in einschlägigen

## Training sozialer Kompetenz

In der Psychotherapie versteht man unter dem »Trai-ning sozialer Kompetenz« (TSK) – andere Bezeich-nungen sind »Selbstsicherheitstraining« oder »Trai-ning sozialer Fertigkeiten« – alle Verfahren, in denen die Klienten lernen, ihre sozialen und emotio-nalen Fähigkeiten zu entwickeln, um zwischen-menschliche oder gesellschaftliche Problemsituatio-nen besser bewältigen zu können. Das TSK hat sich vor allem bei der Behandlung sozial ängstlicher und unsicherer Menschen bewährt. Als Verfahren kom-biniert das TSK Rollenspiele, Nachahmungsverhal-ten (»Modellernen«) und wiederholte Verhaltens-übungen mit Rückmeldungen sowohl in Einzel- wie auch in Gruppensitzungen.

Mit dem TSK werden folgende soziale Verhaltens-bereiche bearbeitet: in der Öffentlichkeit sprechen, Kritik oder Mißerfolge akzeptieren, Neinsagen sowie Gefühle ausdrücken oder kontrollieren ler-nen, Kontakt herstellen und aufrechterhalten, Ge-spräche selbst beginnen, Wünsche formulieren oder Forderungen aufstellen und durchsetzen. Durch den erfolgreichen Abbau belastender Ängste werden gleichzeitig soziale Kompetenzen entwickelt, die eine Stärkung und Reifung der Persönlichkeit er-möglichen: Aufgrund der positiven Erfahrungen im Umgang mit anderen Menschen treten Selbstsicher-heit und Selbstbewußtsein an die Stelle von Minder-wertigkeits- oder Unsicherheitsgefühlen.

Seminaren prinzipiell trainieren. Ein grundlegendes Problem solcher Seminare besteht jedoch häufig darin, daß sie eher äußerlich bleibende kommunikative Techniken einüben (»Verkaufsgespräche führen«) und deswegen zur wichtigen emotionalen Entwicklung der Persönlichkeit und des Sozialcharakters nichts oder nur wenig beitragen.

### 3. Motivation: Handeln mit viel Gefühl

Der Sozial- und Emotionspsychologe Ernst-Dieter Lantermann erklärt in seinem »Handlungs-Kontrollmodell« das Zusammenwirken von emotionalen und kognitiven Komponenten. Demnach lassen sich Emotionen und Kognitionen als unterschiedliche psychische Systeme verstehen, die jedoch »wie Roß und Reiter« aufeinander angewiesen sind: Allein kommt keine der beiden sehr weit, gemeinsam können sie dagegen viele Hindernisse aus dem Lebensweg räumen.

Wie das Handlungs-Kontrollmodell nach Lantermann zeigt, erfüllen das emotionale und das kognitive Kontrollsystem bei menschlichen Handlungen ineinandergreifende Funktionen.

Die Beziehungen zwischen den verschiedenen Komponenten in diesem Modell kann man schematisch folgendermaßen beschreiben: Der Handelnde befindet sich innerhalb einer bestimmten Person-Umwelt-Situation, die von ihm wahrgenommen und im System zur Eingangsgröße (1) wird. Der Handelnde vergleicht daraufhin die Situation mit bereits erworbenem Wissen oder mit »Transaktionsschemata« (2). Diese verschiedenen emotionalen oder kognitiven Wissensbestände aktivieren wiederum das emotionale oder kognitive »Kontrollsystem« (3).

Die Resultate können entweder zwischen den beiden Systemen ausgetauscht werden (4) oder auch ihrerseits

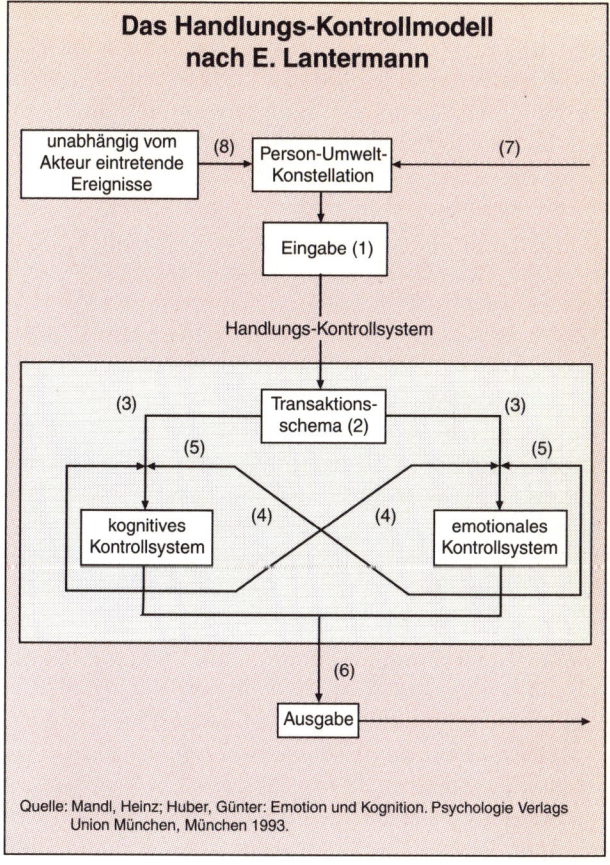

**Das Handlungs-Kontrollmodell nach E. Lantermann**

Quelle: Mandl, Heinz; Huber, Günter: Emotion und Kognition. Psychologie Verlags Union München, München 1993.

als Ausgangspunkt weiterer Aktivitäten dienen (5). Insgesamt führen die jeweiligen Ergebnisse der beiden Kontrollsysteme zu »outputs« bzw. Ausgabe (6) in Form organisierter Handlungen. Diese Handlungen wiederum verändern dann die Ausgangssituation (7), was – eventuell auch durch unabhängig vom Handelnden eingetretene Ereignisse (8) – wiederum zu Eingangsgrößen für das Kontrollsystem wird.

So versteht Lantermann unter einem »Transaktions-schema« ein Handlungsgedächtnis, in dem sowohl Wissensbestände über persönliche und situationsbezogene Handlungsbedingungen als auch emotionale Erfahrungen enthalten sind, die mit Handlungswissen in Verbindung stehen.

Der Sozialpsychologe und Emotionsforscher hebt dabei hervor, daß die Aktivitäten des kognitiven Systems zwar die eigentlichen Kontrolltätigkeiten darstellen, da jede Handlungs-Kontrolle kognitiver Natur ist. Die kognitiven Prozesse werden allerdings von emotionalen Prozessen »eingehüllt«: Das emotionale System gibt dabei die Orientierung und die Richtung vor, in der sich die kognitiven Aktivitäten ausbreiten. Emotionale Prozesse bilden so den Hintergrund oder die Perspektive, vor der die kognitiven Prozesse ablaufen. In ähnlichem Sinne stellte der Bamberger Psychologieprofessor Dietrich Dörner aufgrund umfassender Untersuchungen fest, daß die Funktion von Emotionen in der Steuerung der Verhaltensregulation liege.

Daß die Ressource »Emotion« bei allen Handlungen und insbesondere für die Bewältigung hochkomplexer Aufgaben genutzt werden sollte, konnten der Emotionsforscher Lantermann sowie seine Kollegen wie Dörner auch in sogenannten ökopsychologischen Untersuchungen empirisch stützen. In seinem Projekt »Emotion und Handlung« erforschte Lantermann dabei, wie Menschen in komplexen Situationen handlungsfähig bleiben können. Um der realen Komplexität am besten gerecht zu werden, wählte er als Untersuchungsrahmen – in Form eines computersimulierten Ökosystems (»Ravenhorst«) – einen landwirtschaftlichen Betrieb.

Das wichtigste Ergebnis dieser und ähnlicher Untersuchungen: Man benötigt Verstand und Gefühl, um Komplexität erfolgreich zu bewältigen. Intellektuelles Wissen allein reicht dazu nicht aus – zuviel Emotionalität erweist sich umgekehrt allerdings auch als hinderlich. Als optimal erweist sich dagegen die Strategie, sich zunächst auf seine Gefühle zu verlassen, um die richtige Orientierung und Handlungsrichtung zu finden – und dann rational zu analysieren und zu entscheiden.

Wie bedeutend diese gegenseitigen Wechselwirkungen beim Handeln sind, haben in jüngster Zeit auch Intelligenzforscher wie etwa der Neurologe Antonio Damasio eindrucksvoll nachweisen können: Nur aus einer engen Verbindung von Emotionen und Kognitionen, von Gefühl und Verstand, können letztlich sinnvolle Entscheidungen und Handlungen resultieren.

Wie sehr darüber hinaus auch bei Fragen der Handlungsmotivation Denken und Fühlen zusammenhängen, verdeutlicht die immer bedeutsamer werdende »intrinsische« Motivation. Diese Kunst, sich selbst zu motivieren oder intrinsisch, von innen her, mit Engagement und Spaß motiviert zu sein und zu handeln, vermittelt nämlich nicht nur eine bestimmte Anleitung zum Glücklichsein, sondern enthält auch ein berufliches Erfolgsgeheimnis – vor allem dann, wenn dieser intrinsische emotionale Elan in den Flow mündet, also in das vollständige, »fließende« Aufgehen beim jeweiligen Tun (siehe Kapitel VI. 5).

### 4. Persönlichkeit: Der emotionale Charakter

Bei seinen Analysen zur Emotionalen Intelligenz kam der Psychologe Daniel Goleman zu folgender Einsicht: »Es gibt ein altmodisches Wort für die Gesamtheit der Fähigkeiten, welche die Intelligenz der Gefühle darstellt: Charakter.«

Man kann diese für unser soziales Leben höchst wichtige Erkenntnis auch so ausdrücken, daß Menschen mit einer aufrichtigen, offenen und sympathischen Ausstrahlung – unabhängig davon, ob man sie als charismatisch,

### Schlüsselqualifikation
### »Persönlichkeitskompetenz«

Der Aspekt »Persönlichkeit und Charakter« wird auch im Arbeitsleben immer bedeutsamer. So stellt der fundamentale Strukturwandel der Wirtschaft an alle Beteiligten neue Aufgaben und Anforderungen. Die »Persönlichkeitskompetenz« zählt damit neben der Sozialkompetenz zu den wichtigsten Schlüsselqualifikationen moderner beruflicher Handlungsfähigkeit.

So betonen Personalfachleute oder Wirtschaftsexperten, daß die Qualifikation des »Humankapitals« zukünftig zu einem elementaren Wettbewerbsfaktor werde und berufsbezogene Qualifizierung nicht mehr unter Ausblendung bewußter und gezielter Persönlichkeitsbildung funktionieren könne.

Der Psychologe Gerhard Bruns fand bei der Analyse tausender Anforderungsprofile moderner Karrieren folgende zentrale Aspekte von Persönlichkeitskompetenz: neben einer positiven Emotionalität, Glaubwürdigkeit und Offenheit insbesondere das Übernehmen von persönlicher Verantwortung, sinnvolle Selbst- oder Eigenmotivation, Erkennen der Möglichkeiten und Grenzen der eigenen Person, Kritikfähigkeit sowie Bereitschaft zur Selbstentwicklung.

charmant oder charakterstark erlebt – auch über eine hohe emotionale Intelligenz verfügen.

Wie der amerikanische Psychologe Seymour Epstein zeigen konnte, orientiert sich eine emotional reife Persönlichkeit an einigen existentiellen Prämissen, wie ein »gutes Leben« zu gestalten sei:

1. Lustempfinden maximieren sowie Schmerzhaftes minimieren
2. »Sinn-Pflege«: in seinen Erfahrungen Sinn erkennen und empfinden
3. Beziehungskultur: der Aufbau emotional befriedigender Beziehungen zu anderen
4. Positives Selbstwertgefühl: von sich selbst eine gute Meinung haben

---

### Emotionaler Lebenslauf
#### nach E. Erikson

Erikson unterscheidet in seinem sogenannten epigenetischen Modell acht aufeinanderfolgende problematische Phasen oder Stufen, die der Mensch in seiner lebenslangen Entwicklung zu einer emotional und sozial reifen Persönlichkeit bewältigen muß.

   I. Urvertrauen gegen Mißtrauen
  II. Autonomie gegen Scham
 III. Initiative gegen Schuldgefühl
 IV. Leistung gegen Minderwertigkeitsgefühl
  V. Identität gegen Rollenkonfusion
 VI. Intimität gegen Isolierung
VII. »Zeugend« gegen Stagnation
VIII. Ich-Integrität gegen Verzweiflung

Während sich die ersten vier emotionalen Entwicklungsphasen auf die Zeit der frühesten Kindheit bis zur Pubertät (Phase IV Entwicklung von Selbstwertgefühl) erstrecken, beziehen sich Phase V (Entwicklung von Ich-Stärke und Selbstbewußtsein) auf die Adoleszenz, Phase VI (Entwicklung von Hingabe und Liebesfähigkeit) auf das frühe Erwachsenenalter, Phase VII auf das Erwachsenenalter und die letzte Stufe auf die »(Un)Reife des Alters«.

Zur Klärung der Frage, wie die emotionale Persönlichkeitsentwicklung verläuft, konnte der Entwicklungspsychologe und Psychoanalytiker Erik Eriksen ein sehr aufschlußreiches Modell formulieren. Dieses Entwicklungsmodell eines Lebenslaufes »zwischen Urvertrauen und Verzweiflung« verdeutlicht insbesondere, daß das persönliche Wachstum des Menschen und seine Entwicklung nicht nur von grundlegend kognitiver, »denkender« Natur ist, sondern zumindest gleichwertig auch aus emotionalen Quellen gespeist wird.

Einen besonderen Stellenwert in Eriksons Entwicklungsmodell besitzt dabei die erste Stufe: das Urvertrauen. Die Überzeugung von Sigmund Freud, dem Gründer der Psychoanalyse, daß die emotionalen Erfahrungen der frühen Kindheit lebensprägend sein können, wurde auch empirisch bestätigt. So zeigten insbesondere die bahnbrechenden Studien der Psychologen und Bindungsforscher John Bowlby und Mary Ainsworth in den fünfziger Jahren, daß die Fundamente für emotional befriedigende, stabile Beziehungserfahrungen im Sinne des lebensprägenden »Urvertrauens« durch die frühe Mutter-Kind-Beziehung gelegt werden.

Psychologieprofessor Hans Mogl bestätigt diese früheren Befunde durch neuere Forschungen: »Fehlendes Geborgenheitserleben, besonders in der frühen, aber natürlich auch der sonstigen Kindheit und Jugend beeinträchtigt die Person selbst, ihre Entwicklungschancen sowie ihre sozialen Kontakte.« Nur selten könne es diesen Menschen gelingen, den entstandenen Pessimismus, die Skepsis, das Urmißtrauen gegenüber sich selbst und anderen abzulegen. So wichtig die emotionalen Prägungen unserer Psyche in der frühen Kindheit allerdings auch sein mögen – noch bedeutsamer ist es, dies nicht als kausalen (Fehl-)Schluß zu verstehen, nach dem Motto: »Schlechte Erfahrungen in der Kindheit bedeuten schlechte Gefühle und ein verpfuschtes Leben.« Vielmehr zeigen die neueren Befunde der Säuglingsforschung und Entwicklungspsychologie, daß sich frühe negative und traumatische Erfahrungen keineswegs zwangsläufig im Erwachsenenleben fortsetzen müssen. Gleichzeitig garantiert eine geborgene Kindheit noch keineswegs ein emotional gelingendes Leben.

Wie die Psychologin Ursula Nuber hervorhebt, kann selbst auf frühe traumatische Erfahrungen durchaus eine positive Entwicklung folgen: So demonstrierte die psychologische Forschung am Beispiel sogenannter resilienter (»widerstandsfähiger«) Kinder, wie wichtig es für diese ist, einige wenige, aber emotional tragfähige Vertrauensbeziehungen aufzubauen – beispielsweise zu Geschwistern, Großeltern oder Freunden –, wenn ihnen ihre Eltern das Urvertrauen nicht geben.

### 5. Männer und Frauen: Liebesglück?

Auch wenn die Liebe selbst viele Bedeutungsnuancen kennt – neben der geschlechtlichen Liebe gibt es beispielsweise Nächstenliebe, Naturliebe, Mutterliebe, Menschenliebe und so weiter –, die sich einer gemeinsamen Definition entziehen, ist sie zwischen Männern und Frauen (bzw. in einer homosexuellen Partnerschaft) wohl das bedeutsamste Gefühl.

Wer seine emotionale Intelligenz entfalten und kultivieren möchte, um das Liebesglück einer gelingenden Partnerschaft oder Ehe zu erfahren, wird daher wohl auch seine »Liebesfähigkeit« entwickeln müssen – der renommierte amerikanische Sozialpsychologe Robert Sternberg spricht dabei auch von »Beziehungsintelligenz«.

Die Liebe ist allerdings kein einfaches Spiel. Laut Jerome A. Lee lassen sich mindestens *sechs Formen der Liebe* voneinander unterscheiden (vgl. Kasten). Für Sternberg ist die Liebe ein Miteinander dreier unterschiedlicher Erlebnis- und Verhaltensweisen: *Leidenschaft, Intimität und Bindung*. Für Paarbeziehungen gilt daher als eine Art Faustregel: Wer seinem Partner gegenüber leidenschaftlich sein kann, zu intimer Nähe fähig ist und sich verantwortungsvoll bindet – der liebt.

Mit der Frage, welche Probleme in einer Partnerschaft oder Ehe emotional intelligent gelöst werden müssen, um eine gute Beziehung führen zu können, beschäftigte sich auch die amerikanische Paartherapeutin Judith Wallerstein. In einem Beitrag für die Zeitschrift »Psychologie Heute« faßt sie das emotional intelligente »Einmalneun« des Partnerglücks zusammen, das die (Ehe-) Partner lernen müßten, um die unvermeidlichen Schwierigkeiten des Lebens bewältigen zu können:

1. Die Vergangenheit abschließen
2. Gemeinsamkeiten aufbauen
3. eine befriedigende sexuelle Beziehung aufbauen

---

**Die sechs Formen der Liebe**
nach J. A. Lee

Der Sozialpsychologe und Soziologe Jerome A. Lee unterscheidet sechs verschiedene Formen der Liebe:

– Agape: Anziehungskraft aufgrund von Charaktereigenschaften
– Eros: erotische Liebe
– Ludus: Liebe als Spiel, bei dem möglichst viele Hindernisse bewältigt werden müssen
– Pragma: die »sensible« Liebe, deren oberstes Ziel die ausgeglichene Beziehung ist
– Storge: die partnerschaftliche, freundschaftliche Form der Liebe
– Mania: die krankhaft besitzergreifende Form der Liebe.

---

## Leidenschaft, Intimität und Bindung
nach R. Sternberg

Bei der Leidenschaft spielt neben der physiologischen auch die psychologische Erregung eine große Rolle. Unabhängig davon, ob sich Leidenschaft eher als romantisches Gefühl, körperliche Anziehung oder sexuelles Bedürfnis äußert, motiviert sie als »große Emotion« die Liebespartner. Vereinigung, Selbstbestätigung, Zugehörigkeit, Dominanz oder auch Unterwerfung sind mögliche Ziele.

Intimität als der noch deutlicher emotional charakterisierbare Liebesanteil bezieht sich auf die erlebte Verbundenheit und Zusammengehörigkeit der Liebenden; es ist der Wunsch nach dem Wohlergehen des Partners. Vertraute Kommunikation und gegenseitiges Verständnis sind aber immer eine zweiseitige Angelegenheit. Das wichtigste psychologische Merkmal besteht in der wechselseitigen »Selbstöffnung«. Die Partner sollten daher ihre Wünsche, Schwächen und Probleme offen ausdrücken – wer seine Beziehung als wenig intim erlebt, wird sich einsam oder unverstanden fühlen.

Bindung kann dagegen eher willentlich beeinflußt werden – als bewußte Entscheidung etwa, eine Partnerschaft aufzubauen oder sie bei Problemen nicht abzubrechen.

4. Elternrolle annehmen, ohne die Partnerschaft zu vernachlässigen
5. Krisen des Lebens meistern
6. Raum für Streit schaffen
7. gemeinsam lachen und Langeweile vermeiden
8. Geborgenheit schenken
9. Balance finden zwischen Idealisierung und Realität

## Die Gefühle der Geschlechter

Der kleine Unterschied zwischen den Geschlechtern kann in vielen Bereichen ziemlich groß werden – gerade etwa, was die emotionalen Reaktionen und Verhaltensweisen angeht. So zeigen eine Reihe von Untersuchungen, daß Frauen offensichtlich emotionaler reagieren als Männer. Sind Frauen verliebt, reagieren sie gefühlsbetonter und euphorischer. Zwar tendieren Männer anfänglich eher zu einer Romantisierung der Liebe als Frauen, im Verlauf einer Beziehung ändert sich dies dann allerdings. Zu diesem größeren gefühlvollen Engagement zählt auch, daß Frauen problematische, emotional unbefriedigende Beziehungen eher abbrechen: Vier von fünf Trennungen gehen mittlerweile von der Frauen aus.

Im Zusammenhang mit der dargestellten »Drei-Komponententheorie« der Liebe von Robert Sternberg – Leidenschaft, Intimität und Bindung – konnten deutsche Psychologen folgende Schlüsse ziehen:

– Frauen und Männer können sich individuell jeweils gleich stark leidenschaftlich, intim und bindungsfähig verhalten.
– Deutliche Unterschiede zeigen sich bei der Frage, wie glücklich sich Männer und Frauen in ihrer (Liebes-) Beziehung fühlen:
 Während die Männer umso zufriedener mit der Partnerschaft sind, je leidenschaftlicher sie von ihnen erlebt wird, empfinden Frauen sie als umso glücklicher, je intimer sie ist; Männer empfinden Liebesglück zwar auch als stark abhängig von der Intimität und Offenheit der Beziehung, zusätzlich aber auch von der Leidenschaft.

# V. Die Wechselwirkung zwischen Gefühlen und Gesundheit

In den Gesundheitswissenschaften entstanden im Laufe der vergangenen Jahrzehnte neue interdisziplinäre Forschungsansätze: So wird insbesondere in Psychoneuroimmunologie, Gesundheitspsychologie oder Sozialepidemiologie untersucht, welche Wechselwirkungen zwischen sozialen, seelischen und somatischen Vorgängen bestehen.

Im Rahmen der sogenannten Psychoneuroimmunologie (PNI) beschäftigt man sich mit der Frage, inwieweit emotionales, psychisches Erleben und die körperlichen wie neuronalen oder hormonellen Prozesse zusammenhängen. Die Befunde bestätigen, daß alle Systeme des Organismus auf den verschiedenen Ebenen – ob materielle Prozesse der biochemischen Kreisläufe oder eher geistige Vorgänge wie das emotionale Erleben – zusammenhängen und miteinander »kommunizieren«.

So gilt beispielsweise die Entdeckung des Psychoneuroimmunologen David Felten, daß Gedanken und Gefühle einen unmittelbaren Einfluß auf das Nervensystem haben und beispielsweise zu Wachstumsprozessen von Nervenzellen führen können, als sensationelle Erkenntnis: sie beweist nämlich prinzipiell, daß seelische Vorgänge unmittelbar mit körperlichen Prozessen verbunden sind und der Geist den Körper direkt zu beeinflussen vermag.

## 1. Streß: Wenn Gefühle krank machen

Streß – wohl kaum ein anderer wissenschaftlicher Begriff hat in den letzten Jahrzehnten eine solche popularisierte Verbreitung gefunden. Bei aller Selbstverständlichkeit, mit der von Streß gesprochen wird, ist oft nicht bewußt, daß er als »Sammelbegriff« für den Gesamtbereich negativer, unlustbetonter Emotionen – wie Ärger-Streß, Angst-Streß, Kummer-Streß usw. – gilt, wie der Streßforscher Lothar Laux betont.

In der Untersuchung physiologisch-körperlicher und psychosozialer Stressoren fanden Psychosomatikforscher gehäuft folgende »kritische Lebensereignisse«, deren emotionale Belastungen gesundheitsgefährdende Wirkungen zeigen:

– Tod oder schwere Krankheit eines nahen Angehörigen oder Freundes,
– psychosoziale Belastungen wie Scheidung, Partnerschaftsprobleme, Probleme am Arbeitsplatz, Kündigung, Arbeitslosigkeit, Prüfungssituation etc.

In sozialepidemiologischen Untersuchungen mit breiten Bevölkerungsschichten zeigte sich in den letzten Jahren, daß Menschen sich einsam, unglücklich und depressiv fühlen, wenn befriedigende soziale Beziehungen fehlen. Für viele Verhaltensmediziner wie beispielsweise den Medizinsoziologen Johannes Siegrist gelten Faktoren wie soziale Isolation und Einsamkeit als ebenso gesundheitsgefährdend wie Rauchen, Bluthochdruck oder Übergewicht.

So gelang Psychoneuroimmunologen in einer Reihe von Studien den Nachweis, daß Streß im allgemeinen und sozial bedingter emotionaler Streß im besonderen krank machen kann. In einem bekannten Versuch mit Studenten testete man den Zusammenhang zwischen der Stärke des Immunsystems und (Prüfungs-)Streß. Bei allen Untersuchten schwächten sich im Laufe der Prüfungen die Abwehrkräfte. Zudem zeigte sich, daß vor allem mangelnde soziale Unterstützung sich negativ auf die Gesundheit auswirkte: so war die Immunabwehr bei denjenigen am geschwächtesten, die sich selbst als einsam und sozial eher isoliert erlebten.

## Kleine Freuden mit großer Wirkung

Freudige Erlebnisse wirken im Alltag doppelt so lange auf das Immunsystem wie belastende: Freude stimuliert die Immunabwehr nachweislich zwei Tage positiv, Ärger verraucht dagegen bereits einen Tag später wieder. Zudem scheinen positive Ereignisse einen vergleichsweise stärkeren Effekt zu haben als negative Erlebnisse.

In einer Untersuchung der New York State University ließen die Forscher über hundert Versuchspersonen jeden Abend einen tagebuchartigen Fragebogen über die »Höhen und Tiefen des Tages« ausfüllen. Anhand ebenso täglich entnommener Speichelproben untersuchten die Wissenschaftler die Aktivität des Immunsystems. Dazu ermittelten sie die Anzahl der Antikörper, die gegen ein in Pillenform zugeführtes Fremdeiweiß produziert wurden. Diese Abwehrreaktion bot sich vor allem deswegen zur Untersuchung an, weil sie weitreichende Rückschlüsse darüber ermöglicht, wie der Organismus gegen Erkältungs- oder Grippe-Viren reagiert.

Es zeigte sich, daß emotional negative Ereignisse wie etwa Kritik in der Arbeit das Immunsystem nur am gleichen Tag belasten, während angenehme und freudige Erlebnisse – der Besuch von Freunden oder Familienfeiern – länger nachwirken.

Die Belastung für das Immunsystem ist dabei am größten, wenn der Chef Kritik äußert, in der Rangliste folgen Probleme mit Kollegen und Zeitdruck bei der Arbeit. Nachhaltig positiv dagegen reagiert das körpereigene Abwehrsystem vor allem auf angenehme soziale Begegnungen und auf Bewegung: Aktivitäten wie Radfahren oder Joggen wirken als wahre Fitmacher auf das Immunsystem.

## 2. Gesunde Wir-Gefühle

Für unser Wohlbefinden und unsere Gesundheit sind die sozialen, zwischenmenschlichen Dimensionen der Gefühle von existentieller Bedeutung.

Entgegen der langjährigen Lehrmeinung üben soziale Beziehungen und die daraus resultierenden emotionalen Erfahrungen eines Menschen einen wesentlich stärkeren Einfluß auf seine Gesundheit aus als sein sozialer Status. Zwar sind Angehörige der unteren Gesellschaftsschichten einem prinzipiell höheren Gesundheitsrisiko ausgesetzt als Mitglieder privilegierter Sozialgruppen. Doch zeigen verschiedene internationale Untersuchungen in den letzten Jahren, daß verwitwete, geschiedene oder sonst allein, sozial isoliert oder in spannungsreichen Sozialbeziehungen stehende Menschen bei allen Krankheiten das größere Gesundheits- und Todesrisiko aufweisen.

Die grundsätzlich höhere Anfälligkeit für Krankheiten bei sozial Schwachen kann man darauf zurückführen, daß ihre äußeren Lebensbedingungen schlechter sind (Ernährung, Licht etc.) und daß sie weniger medizinische Hilfe in Anspruch nehmen als notwendig wäre. Allerdings ist gerade deshalb auch in dieser Gruppe mangelnde soziale Unterstützung von grundlegender Bedeutung. Denn selbst chronisch Kranke haben unter der Voraussetzung, daß sie in einem intakten sozialen Netzwerk leben, eine insgesamt höhere Lebenserwartung als diejenigen, die über diese Ressource nicht verfügen – unabhängig von ihrem sozialen Status.

So gilt »sozioemotionaler Rückhalt« – als individuell erlebte Qualität der Gefühle von Zusammengehörigkeit, Vertrauen und Unterstützung – aufgrund der vorliegenden Befunde als äußerst wichtiger Schutzfaktor gegen Herz-Kreislauferkrankungen, die häufigste Todesursache in den westlichen Industrieländern.

Gerade gegen Herzerkrankungen gelten gute Sozialbeziehungen mittlerweile als der stärkste Schutz: Menschen mit positiven Ehe- oder Partnerbeziehungen erleiden etwa drei- bis fünfmal weniger Herzinfarkte als einsame Menschen. Besonders Frauen profitieren von der Heilkraft zwischenmenschlicher Beziehungen. So haben diejenigen, die in einer harmonischen Ehe oder Partnerschaft leben und bei der Arbeit ebenfalls positive Sozialkontakte erfahren, das geringste Risiko, krank zu werden. Umgekehrt zeigen allein lebende Männer im mittleren Alter auffällig oft Gesundheitsschwächen.

Die positiven Auswirkungen dieser in der Schulmedizin lange unbeachtet gebliebenen emotionalen und zwischenmenschlichen Dimension konnten jüngst in einer großen skandinavischen Untersuchung mit über 2.500 Teilnehmern zwischen 40 und 60 Jahren umfassend bestätigt werden. Wichtigster Befund der Langzeitstudie: Unter den Verstorbenen waren doppelt so viele, die praktisch keine sozialen Kontakte hatten. Auch diejenige Gruppe, die ihre zwischenmenschlichen Beziehungen als besonders unbefriedigend oder belastend erlebte, zeigten ein doppelt so hohes Sterblichkeitsrisiko wie die sozial geborgen und glücklich lebenden Menschen.

Die heilende Kraft von Beziehungen zeigt sich auch noch vor einem anderen Hintergrund: In der Medizin und der modernen Psychosomatik wird bei der ambulanten wie stationären Behandlung immer deutlicher, daß die Qualität der Arzt-Patient-Beziehung für den Heilungsprozeß mindestens genauso wichtig ist wie die medizinische oder medikamentöse Therapie. Wie stark dabei Gefühle von Trost und Zuwendung die Genesung fördern können, dokumentieren insbesondere aufsehenerregende Erfolge bei Krebs- oder Herzinfarktpatienten, die zusätzlich zur medizinischen Behandlung psychotherapeutische Betreuung erfuhren. So fühlten sich »ganzheitlich« behandelte Brustkrebspatientinnen nicht

## Contact, Care and Comfort
## (Beziehungen, Zuwendung und Pflege)

Der erwachsene Mensch zeigt in seinen Beziehungen prinzipiell jene Verhaltensmuster, die ihn bereits als Säugling geprägt haben. Existentiell bedeutsam ist das lebenslange Streben nach Bindung und menschlicher Nähe.

Das egozentrische Verhaltensideal des selbstgenügsamen, unabhängigen Erwachsenen rangiert zwar auch im Wertekanon der Psychologie nach wie vor ganz oben. In unseren wirklichen Partnerschaften und Liebesbeziehungen stehen aber völlig andere Ziele im Mittelpunkt, nämlich Contact, Care and Comfort – jene Gefühle von Wohlbefinden, emotionalem Kontakt, Nähe und Berührung, Unterstützung und Pflege, die uns schon als Säugling wonnige Gefühle der Geborgenheit bescherten. Die Kehrseite der Medaille besteht aus den archaisch tiefsitzenden Ängsten, allein und ungeliebt zu sein, verlassen oder zurückgewiesen zu werden.

Beobachtungen beim Menschen und in der freien Wildbahn zeigen, daß das Bindungsverhalten aller Neugeborenen evolutionär begründet ist: Wenn sich das Objekt ihrer Geborgenheits- und Verpflegungsbedürfnisse außer Reichweite befindet, spulen sie ein universell gültiges Verhaltensrepertoire ab – sie rufen, schreien, krabbeln, protestieren. Ist die existentielle Beziehung wiederhergestellt, tun sie alles, um diesen Zustand zu bewahren – sie klammern, suchen den Augenkontakt, vor allem aber arbeiten sie mit dem praktisch unfehlbaren Bindungsmittel des Lächelns. Bereits bei Babys kann man dabei gewisse individuelle Bindungsmuster – bindungssichere oder -unsichere – unterscheiden, die manchmal ein

ganzes Leben lang wirksam bleiben. Über Beziehungen versuchen wir vor allem das für unser psychisches Wohlbefinden so wichtige emotionale
Gleichgewicht zu regulieren und positiv zu gestalten. Das verläuft jedoch nicht immer problemlos.
Trotzdem scheinen aber alle Paare, gerade auch in
zerstrittenen Partnerschaften, ein oft »verzweifeltes
Bedürfnis nach emotionaler Verbundenheit« zu ver-
spüren, wie die beiden Paartherapeuten Susan John-
son und Les Greenberg in der amerikanischen Zeitschrift »Psychology today« schreiben. So ist die
Sprache der Liebe für die beiden Psychologen vor
allem eine Sprache der Verletzlichkeit: Während wir
so tun, als stritten wir mit dem Partner eher sachbe-
zogen über Haushalt oder Geld, kämpfen wir häufig
wie Kleinkinder aus Angst vor Einsamkeit und Bin-
dungslosigkeit um verlorene Unterstützung, Kontakt und emotionale Nähe. In aller Regel handelt es
sich dabei um die falschen Mittel. Als Baby darf
man noch brüllen und schreien, um seine Bedürfnis-
se zu befriedigen; als Erwachsener allerdings entfer-
nen und entfremden wir uns dadurch nur noch mehr
vom Partner.
Generell überschätzt wird die Rolle der Sexualität:
Sex ist nicht das Wesen der Liebe, sondern ein nur relativ kleiner Bestandteil der erwachsenen Intimität.
Viele Menschen gebrauchen Sex daher häufig im
Sinne des Bindungsverhaltens als ein Mittel, um sich
elementare Gefühle der Sicherheit, Geborgenheit
und menschlichen Verbundenheit zu verschaffen.

nur besser als Kranke, die nur schulmedizinisch behan-
delt wurden, sie lebten durchschnittlich auch fast zwei
Jahre länger. Selbst bei rein körperlichen Erkrankungen
wie Knochenbrüchen sind sich ergänzende medizinische

und psychologische Hilfen deutlich wirksamer als erstere allein.

Auch bei dem sehr viel häufiger als erwartet vorkommenden Phänomen medizinisch nicht erklärbarer spontaner Heilungen oder Genesungen (Spontanremission) bei Schwerst- und Todkranken zeigt sich, daß die jeweiligen »Selbstheilungskräfte« des menschlichen Organismus praktisch immer nur in und aus der Sphäre zwischenmenschlicher Geborgenheit entstehen: »Immer wieder haben wir gesehen«, so das Fazit weltweiter Studien der renommierten amerikanischen Spontanremissions-Expertin Carlyle Hirshberg, »wie wichtig im Zusammenhang mit unerwarteten Heilungen der soziale Faktor ist.«

Die Antwort auf die Frage, warum Beziehungen so wichtig sind, ist daher einfach und klar: sie tun uns gut. So kommt auch der englische Sozialpsychologe Michael Argyle aufgrund umfangreicher Untersuchungen über die Bedeutung von Beziehungen zum eindeutigen Fazit: »Mit geeigneten Beziehungen haben wir gute Aussichten, länger zu leben, uns besserer körperlicher wie psychischer Gesundheit zu erfreuen und glücklicher zu sein.« Vor allem muß nochmals festgehalten werden, daß Gesundheit und Lebenszufriedenheit von sozialen Beziehungen stärker beeinflußt werden als von Einkommen, Sozialstatus oder Ausbildung.

## Gesundes Streiten

Streiten in der Partnerschaft kann gesund sein. Allerdings nur, wenn man sich fair und sachlich auseinandersetzt.

Wie ein interdisziplinäres Wissenschaftlerteam der Ohio State University zeigen konnte, sind Partner, die unvermeidbare Krisen und Konflikte miteinander offen und fair austragen, körperlich und psychisch gesünder als andere.

Die Psychologen und Mediziner ließen in ihrer Studie mit fast 100 Paaren die verheirateten Partner jeweils eine halbe Stunde lang über typische familiäre Probleme wie Geld, Freizeit oder Verwandte diskutieren.

Die vor und nach den Auseinandersetzungen entnommenen Blutproben zeigten dann signifikant, daß der emotionale Streß auch andere Folgen hat: Je negativer die Paare nämlich ihren Konflikt austrugen, je sarkastischer, zurückweisender, ablehnender oder »scheußlicher« sie miteinander umgingen, desto schwächer wurde gleichzeitig ihr Immunsystem. Ihr Krankheits-Risiko erhöhte sich also.

Auch wenn die Studie nicht erklären kann, wie, wann und warum genau durch Ehe- und Partnerschaftsprobleme geschwächte Immunsysteme zu individuellen Erkrankungen führen, besteht für die Psychologin Janice Kiecolt-Glaser »keinerlei Zweifel« mehr, daß ungelöste Beziehungskonflikte an Leib und Seele »krank« machen. Daraus folgt aber nicht, daß man Konflikte möglichst vermeiden sollte – was illusorisch wäre. Die Partner müssen vielmehr lernen, daß ein fairer Streit sowohl die gemeinsame Beziehung als auch die eigene Gesundheit erhalten kann.

# VI. Das Gefühlsmanagement

Wer seine Gefühle »im Griff« hat, der gilt nach den neueren Befunden psychologischer Forschung als auf besondere Weise intelligent: Kluges Gefühlsmanagement ist nämlich für den Lebenserfolg, für Gesundheit und Zufriedenheit weitaus wichtiger als rationale Intelligenz.

## 1. Emotionsbewältigung

Die Feststellung, daß Menschen Gefühle nicht nur haben oder passiv erleiden, sondern auch damit umgehen und sie aktiv beeinflussen können, erscheint trivial. Doch betont Emotionsexperte Goleman, daß der Umgang mit unseren Emotionen eine »Ganztagsbeschäftigung« sei, weil vieles, was wir auch in unserer Freizeit tun, darauf abziele, unsere Stimmung zu lenken: »Alles, vom Lesen eines Romans übers Fernsehen bis zu den Aktivitäten und Freunden, für die wir uns entscheiden, kann als ein Bemühen aufgefaßt werden, unsere Stimmung zu verbessern.« Im sozialen Leben gilt darüber hinaus die Kunst, sich selbst zu beruhigen, als eine der wichtigsten psychischen Fähigkeiten. Dennoch hat das Problem der Emotionsbewältigung in der Forschung lange Zeit praktisch keine Rolle gespielt. Dies hat sich erst in den letzten Jahren geändert. Die Sozialpsychologen und Emotionsforscher Hannelore Weber und Lothar Laux ermittelten vier Bereiche, die bei der Bewältigung und Regulation von Emotionen eine wesentliche Rolle spielen.

1. Emotionsregulation:
   Regulieren des subjektiven Empfindens (»Ich möchte mich wieder wohlfühlen«), des Gefühlsausdrucks, der physiologischen Erregung, der kognitiven Bewertung sowie der Handlungsimpulse.

2. Situations- oder Problemregulation:
   Die emotional belastende Situation entweder verändern oder sich selbst an sie anpassen. Darüber hinaus
   gibt es die Möglichkeiten, den vorherigen Zustand
   wiederherzustellen (»Ich will, daß alles beim alten
   bleibt«) oder aber eine Auseinandersetzung mit der
   Situation zu vermeiden.
3. Selbstregulation:
   Verletztes Selbstwertgefühl oder angegriffenes Selbstkonzept wiederherstellen; Selbstwertgefühl und
   Selbstkonzept schützen und bewahren (»Ich will
   Selbstsicherheit beweisen«) oder Selbstwertgefühle
   steigern bzw. das Selbstkonzept erweitern (»Mal
   sehen, wieviel in mir steckt«).
4. Interaktionsregulation:
   Feedback geben und Gefühle rückmelden; bezie-
   hungsbezogene Selbstbilder mitteilen; die anderen zu
   einem gewünschten Verhalten bringen (»Er soll mich
   in Ruhe lassen«); Interaktionen in Frage stellen (»Ich
   will die Beziehung beenden«) oder schützen (»Ich
   will sie nicht belasten«).

Laux betont, daß die vier Bereiche nicht unabhängig
voneinander gesehen werden dürfen, sondern weitgehend wechselseitig voneinander abhängig sind. Es sei
sogar davon auszugehen, daß Menschen in ihren Handlungen zur Emotionsbewältigung jeweils mehrere Ziele
zu erreichen suchen, in denen alle vier Aspekte eine
Rolle spielen.
   Welche Verhaltensweisen man insgesamt zur Emotionsbewältigung einsetzen kann, haben die Streß- und
Emotionsforscher Weber und Laux intensiv am Beispiel
der Ärger- und Angstbewältigung untersucht. Dabei fanden sie vor allem drei Klassen von Reaktionen: expres-
sive – den Gefühlsausdruck betreffende –, auf den eigenen Gefühlszustand oder auf das Verhalten bezogene

## Emotionsstile
nach J. Mayer

Der amerikanische Psychologe John Mayer fand und beschrieb in seinen Untersuchungen drei verschiedene emotionale Grundcharaktere von Menschen:

- Achtsam: Menschen dieses Typs nehmen ihre eigenen Stimmungen wahr und haben den Umgang mit ihrem Gefühlsleben weitgehend kultiviert. Die Klarheit über ihre Emotionen kann andere Persönlichkeitsmerkmale stützen: Sie sind autonom und sich ihrer eigenen Grenzen bewußt, seelisch gesund und haben meistens eine positive Lebenseinstellung – ihre Achtsamkeit hilft ihnen, mit ihren Emotionen fertigzuwerden.

- Überwältigt: Diese Menschen fühlen sich oft von ihren Emotionen überwältigt oder ihnen hilflos ausgeliefert; sie sind zudem anfällig für sprunghafte, heftige Stimmungswechsel. Da sie nicht sonderlich auf ihre Gefühle achtgeben, verlieren sie sich in ihnen, statt eine gewisse Übersicht zu behalten. Sie unternehmen daher kaum etwas gegen schlechte Stimmungen, weil sie glauben, auf ihr Gefühlsleben keinen Einfluß zu haben.

- Hinnehmend: Menschen dieses Typs sind sich über ihre Gefühle meistens im klaren. Sie neigen aber auch dazu, ihre Stimmungen hinzunehmen, und versuchen daher nicht, diese zu ändern. Der hinnehmende Typ kommt in zwei Varianten vor: Die einen sind meist in guter Stimmung und haben daher wenig Anlaß, über sich nachzudenken; die anderen sind anfällig für schlechte Stimmungen, nehmen sie aber hin – wie depressive Menschen, die sich mit ihrer Situation abgefunden haben –, obwohl sie darunter leiden.

Reaktionen. Im einzelnen konnten die Verhaltensforscher die folgenden emotionalen Bewältigungsreaktionen ermitteln:

- Soziale Unterstützung (»Ich wende mich an jemanden, den ich gut kenne, und berede mit ihm, wie unwohl mir bei der Sache ist«)
- Selbstwerterhöhung (»Ich habe es nicht nötig, mich von solchen Bemerkungen getroffen zu fühlen«)
- Offener Gefühlsausdruck

---

### Sport und Musik als Stimmungsaufheller

Wer schlechte Laune hat, sollte es mit sportlicher Aktivität oder Bewegung versuchen: Der Effekt könnte insbesondere für bewegungsungewohnte Zeitgenossen überraschend positive Auswirkungen haben. Wie amerikanische Sozialpsychologen von der University of California zeigen konnten, ist Sport nämlich ein höchst probates Mittel, um Sorgen und miese Stimmungen loszuwerden. Auch wurde deutlich, daß das oft gegen Streß und Verstimmungen benutzte Fernsehen dagegen nicht viel hilft, sondern eher schadet. Im Vergleich mit dem natürlichen Stimmungsaufheller aktive Bewegung verblassen auch sonstige Trümpfe des alltäglichen Streßmanagements wie Hobbys, Schreiben, Lesen oder der Einkaufsbummel.

Darüber hinaus zeigte sich, daß sich neben sportlicher Betätigung vor allem Musik als vorzügliches Mittel zum individuellen Moodmanagement eignet. Ob Mozart oder Miles Davis, Rock oder Pop – wer herausfindet, welche Rhythmen ihn am besten beruhigen oder beflügeln, verfügt über eine starke Quelle: Mit Musik geht vieles deutlich besser.

---

- Selbstbeschuldigung (»Hätte ich nicht diese Einladung angenommen, wäre mir alles erspart geblieben«)
- Positives Neueinschätzen (»Ich bekomme das schon wieder hin«)
- Sozialer Vergleich (»Die anderen können auch unsicher sein«)
- Passivität (»Ich mache erstmal nichts«)
- Rückzug
- Unterdrücken von Gefühlen
- Feindselige Reaktion
- Vorgeben von Gefühlen (»Ich tue so, als würde mich das freuen«)
- Verbergen von Gefühlen
- Andeuten von Gefühlen (»Ich mache einige Bemerkungen, aus denen hervorgeht, daß ich sauer bin«)
- Humor
- Minimieren (»Ich nehme das Ganze nicht sonderlich wichtig«)
- Andere von sich ablenken (»Ich versuche, das Gespräch auf andere Themen zu bringen«)
- Alkohol trinken

## 2. Streßmanagement als Emotionskultur

Wie die Befunde der neueren Emotions- und Gesundheits-Psychologie zeigen, setzt emotional intelligentes Handeln heutzutage mehr als je zuvor einen klugen Umgang mit Streß voraus: »In jüngster Zeit wird deutlich«, so das Fazit des Psychologieprofessors Otto Kruse, »daß der Streßbegriff in ein Emotionskonzept überführbar ist.«

Die Zusammenhänge sind weitreichender, als man zunächst annehmen möchte. Immer mehr Menschen leiden emotional, fühlen sich ängstlich oder ausgebrannt und werden krank, weil sie der Gefühlsstreß aus belastenden Arbeitsbeziehungen oder mangelnder sozialer Gebor-

## Selbstgespräche als Stimmungsmacher?

Wenn jemand mit sich selbst spricht, hält man ihn leicht für etwas seltsam. Doch Selbstgespräche können eine effiziente Form des Mood-Managements sein, der Kunst, unsere Stimmungen positiv zu gestalten. So werden unser Verhalten und unsere Gefühle häufig von einem »inneren Dialog« gestaltet, auch wenn wir es so nicht bewußt wahrnehmen. Gerade in Streßsituationen tauchen negative Gedanken auf wie »Das wird schiefgehen«, die das emotionale Unbehagen verstärken. Mit bewußt positiven Selbstgesprächen, wie »Du schaffst das schon«, kann man dem entgegenwirken.

genheit schwächt. Nach neuesten Zahlen fühlen sich beispielsweise über fünf Millionen Menschen in der Bundesrepublik ausdrücklich einsam, jeder zweite klagt über emotional bedrückende Arbeitsbedingungen. Darüber hinaus bedeutet es für viele eine Überforderung, die unaufhörlich wachsenden Reizströme des modernen Lebens zu verarbeiten.

Zeitdruck, Arbeits-, Beziehungs- und Freizeit-Streß gehen an die Substanz. Sie schwächen das Immunsystem und führen zum Raubbau an den natürlichen Kraftreserven. Die Folge: Schlafstörungen, Magenerkrankungen, Bluthochdruck, Muskelverspannungen, Allergien, depressive Verstimmung – im schlimmsten Fall drohen Herzinfarkt, Burn out oder schwere psychische Erkrankungen wie Depressionen.

In letzter Zeit wurde die lange Liste der Streßpathologie immer häufiger durch die Diagnose »Chronic Fatigue Syndrom« (CFS) – »Chronisches Müdigkeits- und Erschöpfungssyndrom« – erweitert. Charakteristische Störung dieses Krankheitsbildes: ein auffälliges Energiedefizit mit permanenter Schlappheit. Etwa fünf Prozent der 25- bis 40jährigen, so schätzen Mediziner, leiden an CFS; nach einer repräsentativen Allensbach-Umfrage fühlt sich im übrigen mittlerweile mehr als jeder dritte Deutsche regelmäßig müde und erschöpft.

Die Alternative zu emotionalem Dauerstreß und gesundheitsgefährdender Überlastung besteht allerdings nicht in Leistungsverweigerung oder »innerer Kündigung«. Eine solche Schonhaltung führt umgekehrt zu einer psychisch wie körperlich auf Dauer ebenso ungesunden Unterforderung. Das Zauberwort in der modernen Streßmedizin heißt vielmehr »Balancing«: Es kommt darauf an, zwischen Anspannung und Erholung das streßlösende gesunde Maß zu finden.

Der Mensch benötigt zu seinem emotionalen Wohlbefinden auch Streß – in Form sinnvoller Aufgaben, Herausforderungen und Ziele. Streßforscher sprechen daher im Unterschied zum auslaugenden, krankmachenden »Disstreß« vom positiven »Eustreß«, dessen Bewältigung man mit wohligen Gefühlen der Zufriedenheit oder des Glücks erlebt.

Die Fähigkeit, seinen eigenen emotionalen Energiehaushalt auszugleichen und durch Entspannung, Muße und Gelassenheit immer wieder zu Kräften zu kommen, ist allerdings eine Kunst, die viele westliche Menschen erst wieder erlernen müssen.

Um eine emotionale Entspannungskultur zu entwickeln, gibt es unterschiedliche Techniken. Aspekte der Persönlichkeitsentwicklung und -entfaltung spielen aber eine immer größere Rolle. Menschen, die gelernt haben, mit dem Streß in ihrem Leben besser umzugehen, erfahren gleichzeitig eine nachweislich positive Persönlichkeitsveränderung. Sie gestalten insbesondere ihre sozialen Beziehungen befriedigender, sie entwickeln im Arbeits- und Privatleben ein stärkeres Interesse und erleben sich motivierter als vorher. Unter emotionalen Vor-

## Gesunder Humor

Bereits der Volksmund weiß, »Lachen ist gesund«. Die Gelotologie, die Wissenschaft vom Lachen, und die moderne Psychologie bestätigten in den letzten Jahren immer deutlicher diese alte Weisheit: Wer über sich selbst lachen kann, tut seinem Gefühlshaushalt und seinem gesamten Wohlbefinden sehr viel Positives – Humor und ein Lächeln zum richtigen Zeitpunkt kann Frustrationen oder dem Gefühlsstreß oft den Stachel nehmen.

Das Lachen verbessert physiologisch betrachtet die Atmung und den Kreislauf, während es die Produktion streßfördernder Hormone unterdrückt. Eine amerikanische Langzeitstudie mit fast 300 Teilnehmern zeigte, daß diejenigen mit einem guten Sinn für Humor Streß besser bewältigten und allgemein gesünder lebten.

Auch die Emotionsforscherin Hannelore Weber kommt mit ihren Untersuchungen zu einem ausgesprochen günstigen Fazit: »Humor ist ein unbestrittenes Ideal«, so die Psychologin; er löse insbesondere in stark streßbelasteten Situationen wie beispielsweise zwischenmenschlichen Konflikten die Gegensätze zwischen Konfrontation und Vermeidung. Humor schade nicht, verletze nicht und verhindere vor allem das aktive Eintreten für die eigene Sache nicht. Gerade bei Ärger sei Humor letztlich die ideale Selbstdarstellung.

Mittlerweile entdecken daher auch zunehmend mehr Therapeuten Lachen und Humor als ausgezeichnete Quellen der Gesundheit. So spielt Humor beispielsweise in der sogenannten Provokativen Therapie oder der Rational-Emotiven Therapie Frank Farrellys eine wichtige Rolle.

zeichen geht es also längst um eine moderne Psychohygiene, die alle Lebensbereiche verbindet – körperliche Fitneß, psychische Belastbarkeit, geistige Beweglichkeit, befriedigende Sozialbeziehungen, positive Arbeitseinstellung und Einklang mit der Umwelt.

### 3. Emotionale Entspannung

In der Streßforschung zählt heute körperliche und emotionale Entspannung – zusammen mit Ernährung und regelmäßiger körperlicher Aktivität – zu den wichtigsten Elementen im menschlichen Gesundheitsverhalten.

Alle Entspannungsverfahren führen prinzipiell dazu, das psychische und physiologische Aktivierungsniveau zu senken. Auf Belastung und Streß reagiert der Organismus mit dem energieverbrauchenden Aktivitätsmodus, in Entspannungs- und Schlafphasen schaltet er dagegen auf die regenerierende, energieaufbauende Reaktionslage um. Von diesem angeborenen, natürlichen »Anti-Streß-Programm« für Körper und Seele machen wir allerdings viel zu wenig Gebrauch. Nächtliche Ausnahme: der Schlaf.

Bei der »Entspannungsreaktion« treten folgende körperliche Merkmale auf: verminderter Blutdruck und Herzschlag, gleichmäßige Atemfrequenz, gelockerte Muskulatur, geringerer Stoffwechselumsatz sowie Beruhigung der Gehirnwellenmuster. Hier kann man prinzipiell zwei Phasen unterscheiden. Die erste wirkt der Streßreaktion ausgleichend entgegen, die zweite Phase erleichtert und fördert allgemein den körperlichen und psychischen Aufbau. Subjektiv kommt es daher nach einer Entspannungsreaktion immer zu angenehmen Gefühlen der körperlichen Fitneß und geistigen Frische.

Da Entspannung keine Technik ist, sondern ein natürlicher Zustand, sind alle Entspannungsverfahren Hilfsmittel, um die natürliche Entspannungsreaktion auszulösen – unabhängig, ob man meditiert oder es mit autogenem Training, progressiver Muskelrelaxation, (Selbst-)Hypnose oder anderen Verfahren versucht.

Zu allen Entspannungsverfahren gibt es sehr viel Ratgeberliteratur und Anleitungen zum Selbst-Lernen. Trotzdem sollte man die jeweiligen Verfahren erst bei einem professionell ausgebildeten Therapeuten oder Lehrer gründlich erlernen – und sie danach zu einem festen Bestandteil seiner Alltagskultur machen. Wer die jeweiligen Verfahren nämlich umfassend beherrscht, kann dann zur emotionalen Streßbewältigung auch konzentrierte Kurzübungen als »Soforthilfe« – bei beginnenden Angstzuständen, Ärger oder Zorn beispielsweise – einsetzen.

Streßexperten empfehlen, Entspannungsübungen ein- bis zweimal täglich etwa zehn bis 20 Minuten lang zu machen. Darüber hinaus hat es sich als wirksam erwiesen, mehrmals täglich sogenannte »Mini Meditationen« durchzuführen: Bei Angst, Anspannung oder Druck soll man demzufolge mehrmals tief einatmen und den Atem dann langsam in mehreren Stufen wieder herauslassen. Zu den wissenschaftlich am besten erforschten Entspannungsverfahren zählen die progressive Relaxation, die Hypnose, autogenes Training und meditative Übungen.

## Progressive Relaxation

Bei der progressiven Relaxation (PR) oder progressiven Muskelentspannung geht es darum, eine zunehmende willkürliche Kontrolle über bestimmte Muskelgruppen auszuüben. Die Grundmethode der progressiven Relaxation besteht darin, nacheinander einzelne Muskelpartien des Oberkörpers (Ober- und Unterarm, Stirn, Wangen, Mund, Kiefer, Nacken, Hals, Brust, Schultern), der Bauchmuskulatur, der Ober- und Unterschenkel und der Füße kurzfristig willentlich anzuspannen und anschließend zu lockern.

Die progressive Relaxation zählt zu den einfachsten und effizientesten Entspannungsverfahren. Da ihre entspannungspositiven Wirkungen auch wissenschaftlich umfassend dokumentiert sind, ist diese Methode vorbehaltlos für das persönliche Streß-Management zu empfehlen.

### (Selbst-)Hypnose

Die Hypnose (vom griechischen »hypnos«, Schlaf) ist eines der ältesten medizinischen Verfahren. Als sogenannte »magische Heilung« war sie bereits den Naturvölkern bekannt und als heiliger »Tempelschlaf« auch in der Antike sehr verbreitet. Bei der (Selbst-)Hypnose versetzt man sich mit Hilfe der sogenannten Trance-Induktion – meist verbale Suggestionen oder bildhafte Vorstellungen – in eine veränderte, tranceähnliche Bewußtseinsform.

Hypnose gilt heute nicht mehr als künstlicher Zustand, sondern neben Schlafen, Wachen und Träumen als ausgesprochen natürliche Bewußtseinsphase. Auch im klinischen Bereich findet Hypnose in einem breiten Feld von Medizin, Psychologie, Psychiatrie, Psychotherapie, Zahnmedizin oder auch beim Sport immer weitere Anwendung.

### Autogenes Training

Das autogene Training (AT), das der deutsche Arzt J. H. Schultz in den dreißiger Jahren entwickelte, basiert wesentlich auf selbst- oder auto-hypnotischen Zusammenhängen.

Wie die beeindruckenden Beispiele buddhistischer Mönche oder indischer Yogi zeigen, sind Menschen nämlich prinzipiell in der Lage, unwillkürlich ablaufende Körperfunktionen wie Herzschlag, Körpertemperatur oder Schmerzwahrnehmung bewußt zu beeinflussen. Diese Körper-Geist-Verbindung versucht der Übende sich auch im AT zunutze zu machen: Bei einer reizarmen Umgebung und lockeren Haltung kann man über wiederholte formelhafte Vorsatzbildung (»Ich bin ganz ruhig«/»Der Arm ist ganz schwer«/»Der Körper ist wohlig warm«) eine zunehmende physiologische und geistige Entspannung hervorrufen. AT zählt zu den anerkanntesten und verbreitetsten Entspannungsverfahren in der klinischen Praxis und eignet sich auch für das alltägliche Emotionsmanagement.

## Meditation

Die ausnahmslos im östlichen Kulturkreis entwickelten Formen der Meditation gelten als »Wege nach innen«: ein Sich-Versenken, das durch Schweigen und »inneres Lauschen« (Klaus Grawe) gekennzeichnet ist. Gemeinsam haben die verschiedenen Meditationen die Zentrierung der Aufmerksamkeit (»Weg der Achtsamkeit«) auf eine sich monoton oder rhythmisch-gleichmäßig wiederholende Reizquelle wie ein Mantra, den Atem, Zahlen, Laute, Vorstellungen usw. Ziel der klassischen Meditation – ob als Zen (Zazen), transzendentale Meditation oder (Hatha-)Yoga – ist weniger körperliche Entspannung als geistiges Wachstum und innere Ruhe. Da sich beides aber bedingt und Meditation zu tiefen körperlichen und emotionalen Entspannungszuständen führt, kann man meditative Praktiken aus ihrem religiösen und philosophischen Kontext lösen. Als Entspannungsverfahren bilden sie ein effizientes Mittel des alltäglichen emotionalen Streßmanagements.

Die streßtherapeutischen Effekte der Meditation können im übrigen außergewöhnlich groß sein. So erregte der renommierte amerikanische Verhaltensmediziner Jon Kabat-Zinn von der Bostoner Streßklinik auch in der Fachwelt internationales Interesse, als er mit meditativen Anti-Streß-Kursen bedeutende Heilungserfolge bei schwerkranken Patienten erzielte.

Außer diesen verbreiteten und wissenschaftlich gut untersuchten Entspannungsmethoden gibt es noch eine Vielzahl weiterer Techniken. Neben verschiedenen Atemübungen versuchen vor allem Verfahren aus dem großen Bereich der Körpertherapien – wie Eutonie, Feldenkrais, Qi Gong, Tai Chi und viele andere – Entspannung auch über sanft-rhythmische Bewegung zu erreichen. Regelmäßige Bewegung sollte ohnehin ein ganz selbstverständlicher Bestandteil gesundheitsbewußten Verhaltens sein.

## 4. Achtsamkeit und Konzentration als »Meta-Emotion«

Auf den ersten Blick scheinen unsere Gefühle etwas Offenkundiges zu sein. Doch häufig bemerken wir gar nicht, was wir wirklich empfinden, oder nehmen diese Gefühle erst nachträglich wahr. Um dies zu ändern, sollte man achtsamer und konzentrierter mit den eigenen Gefühlen umgehen.

Mit dem Begriff der Meta-Emotion bezeichnen Psychologen die Fähigkeit, sich auf seine Gefühle zu beziehen, sie zu erkennen, zu erhalten oder zu verändern – also nicht nur zu fühlen, sondern gleichsam über seinen Gefühlen zu stehen. Im alltäglichen Leben kann es beispielsweise sehr viel bedeuten, wenn man einen Wutanfall nicht nur spürt, sondern auch rational registriert. Meta-Emotion läßt sich damit im Sinne einer emotionalen Reflexivität verstehen. Um diese Reflexionsfähigkeit zu verbessern, benötigt man eine entwickelte Achtsamkeit und Konzentration.

Wie die neue Emotionspsychologie zeigt, sind insbesondere »Disziplinlosigkeit« und mangelnde Frustrationstoleranz für unsere geringe emotionale Reflexivität und Emotionskultur oder schlechte emotionale Alphabetisierung verantwortlich. Ungenügende Frustrationstoleranz, Bedürfniskontrolle oder Unruhe als wichtigste Blockaden bei der Entwicklung einer fruchtbaren Emotionskultur haben wiederum viel mit mangelnder Konzentrationsfähigkeit – als Zentrierung des seelischen Geschehens – zu tun. In bezug auf die emotionale Intelligenz des einzelnen ist zudem die Konzentration in der Haltung des Zuhören-Könnens von ganz wesentlicher Bedeutung.

Wie stark Konzentration mit dem emotionalen Erleben im Zusammenhang steht, verdeutlicht auch das faszinierende Phänomen des Flow – jenes Zustands des vollständigen, zeit- und selbstvergessenen Aufgehens in einer Tätigkeit wie Tanzen, Operieren, Schachspielen, Musizieren, Dirigieren, Bergsteigen etc. Erforscht wurde er von dem amerikanischen Sozialpsychologen Mihalyi Csikszentmihalyi. Flow wird von Csikszentmihalyi ausdrücklich als »Zustand vollständiger Konzentration« charakterisiert, genauer als emotionales »Flußerleben« eines wohlgeordneten, voll funktionierenden dynamischen Bewußtseinszustandes« (vgl. auch Kap. VI. 5). Statt etwas nur mechanisch oder routiniert auszuführen, kann man dasselbe auch emotional wach und konzentriert tun.

Man sollte eine emotional förderliche Aufmerksamkeits- und Konzentrationsschulung auch als ausdrückliche Schulung der Persönlichkeit begreifen. Der Münchner Psychologe Reinhard Schober hält als wichtigstes Ergebnis einer aktuellen Untersuchung fest, daß Konzentration nicht als isolierte psychische Funktion aufzufassen sei, sondern vielmehr als ein »charakter- und persönlichkeitsbestimmendes Phänomen« begriffen werden müsse. Er betont insbesondere die Fähigkeit von »Konzentrationskönnern«, von einer »tunsorientierten«, rein zweckrational am Erfolg ausgerichteten Handlungseinstellung auf eine emotionszentrierte und »seinsorientierte« Haltung umzuschalten. Bei letzterer rücken die Freude an eigenen Fähigkeiten und prozeßorientiertes Interesse, Spaß und Begeisterung in den Mittelpunkt.

Schober faßt seine wesentlichen Ergebnisse im Konzept eines konzentrierten Lebensstils zusammen:

– Dinge mit Biß vorantreiben: Man sollte nichts in die Hand nehmen, bevor man nicht ganz darauf eingestellt ist; die Motivation muß von innen her, also »intrinsisch« erfolgen. Als beispielhaft aus der Welt des Sports – in der Motivation bekanntlich ein wesentlicher Schlüssel zum Erfolg ist – gilt die Haltung des Fußballtrainers Sepp Herberger, der seinen Spielern klarmachte: »Brennen müßt ihr, brennen!«
– Kreative Steuerung: Eine prinzipielle Offenheit und eine flexible Handlungsfähigkeit führten dazu, daß man nicht nur das Ziel im Auge hat, sondern auch den Weg. Grundsätzlich sollte man jederzeit auf plötzliche Veränderungen eingestellt sein.
– Strukturstärke: die konzentrationsfördernde und konzentrierte Orientierung des eigenen Lebens an Selbstdisziplin, Belastbarkeit, Freude an Qualität und Selbsthumor.

Insgesamt ergibt sich daraus die »emotionale Involviertheit«. Die Dinge, auf die man sich konzentriert, sollten auch emotional im Mittelpunkt stehen.

Die Bedeutung eines konzentrierten Lebensstiles für eine entwickelte Emotionskultur offenbarte sich deutlich beim Flow: Wie Csikszentmihalyi zeigen konnte, reagieren »Flow-Konzentrierer«, die auf ihre täglichen Flow-Erlebnisse verzichten müssen, mit emotional deutlich negativen Symptomen: Sie werden schneller müde, allgemein schläfriger, fühlen sich ungesünder und nervöser oder neigen zu Kopfschmerzen. Gleichzeitig nimmt ihre Kreativität ab, und sie entwickeln depressive, niedergeschlagene Stimmungen.

## Achtsamkeit

Achtsamkeit bedeutet, die Aufmerksamkeit im Jetzt zu verankern. Sie ist deswegen von einer so weittragenden alltäglichen Bedeutung, weil sie praktisch überall angewendet werden kann: Beim Gehen, Stehen, Zuhören, Reden, Essen und Arbeiten. »Sie brauchen den Abwasch nicht unbedingt schnell und irgendwie hinter sich zu bringen«, betont der amerikanische Verhaltensmediziner Jon Kabat-Zinn, »um endlich Zeit für die anderen, wichtigeren und interessanteren Dinge des Lebens zu haben, weil eben jener Moment, in dem Sie den Abwasch erledigen, Ihr Leben ist. Das Jetzt, dieser Augenblick, ist Ihr Leben, diese Minute, dieser Tag, nicht der morgige. Wir vergeuden unendlich viel kostbare Zeit, wenn wir nicht begreifen, daß unser Leben aus den unzähligen Augenblicken des Jetzt besteht, denen wir unsere Aufmerksamkeit schenken müssen, anstatt in Gedanken immer woanders zu sein.« Und was fürs Abwaschen gilt, kann auch beim Treppensteigen nicht so falsch sein. So rät Kabat-Zinn zu der gar nicht trivialen Formel: »Wenn ich jetzt diese Treppen hochgehe, weiß ich, daß ich es tue.« Die Achtsamkeit bedeutet, zu sehen und zu wissen, daß man sieht, hört und weiß; zu fühlen, wie man die Treppe hochgeht, und zu wissen, daß man es tut – sie bedeutet das »Augenblick-für-Augenblick-Gewahrsein der Erfahrung des Treppensteigens«.

Eine solche achtsame und konzentrierte Praxis vermag gewohnte Handlungsautomatismen und gedankenlose Routinen aufzubrechen, man kann sich zunehmend besser in die Gegenwart und auf seine Empfindungen zentrieren und damit alle zur Verfügung stehenden emotionalen Energien besser nutzen.

Neben der eher als westlich zu charakterisierenden Konzentration ist in einem vergleichbar elementaren Sinne die östliche *Achtsamkeit* – als besondere Wahrnehmung der eigenen inneren Zustände – für die Entwicklung und Kultivierung der emotionalen Intelligenz wichtig. So betont beispielsweise Harvard-Psychologe Daniel Goleman, daß Achtsamkeit als ein Bewußtsein verstanden werden müsse, das sich nicht von Emotionen fortreißen läßt, auf Wahrgenommenes nicht überreagiert und es nicht noch verstärkt. Achtsamkeit sei vielmehr eine neutrale Einstellung, die auch in turbulenten Situationen die Selbstreflexion bewahre.

## 5. Glück: Das höchste der Gefühle?

Als höchstes Gut im menschlichen Leben erscheint das Glück.

Das Streben nach Glück – the pursuit of happiness – ist in der amerikanischen Verfassung ausdrücklich als Menschenrecht verankert. Wie man sein Lebensglück – jenseits von situativen Glücksgefühlen – findet, ist allerdings eine andere Frage.

Entgegen allen suggestiven Verführungen und Verwirrungen der Gefühle durch Werbung und den konsumorientierten Zeitgeist, machen sozialpsychologische Untersuchungen deutlich, daß man Glück nicht kaufen kann. Daß Geld allein tatsächlich nicht glücklich macht, zeigte eine Studie im Auftrag des amerikanischen Wirtschaftsmagazins »Forbes« – demnach bezeichneten sich die wirklich Reichen keineswegs als glücklicher als die »Durchschnittsmenschen«.

Zwar können materielle Situationen kurzfristig Glücksgefühle erzeugen – der Lottogewinn ebenso wie der Kummerkauf eines Kleides –, ohne allerdings zum wahren Glücklich-Sein als Grundgefühl des Lebens beizutragen. Um die Fragen zu klären, ob es überhaupt

Menschen gibt, die mit ihrem Leben glücklich sind, und falls ja, wie diese glücklichen Existenzen charakterisiert werden könnten, untersuchten amerikanische Psychologen die gesamte bereits vorliegende Forschung. Fazit: Es gibt »chronisch Glückliche«, die offensichtlich deswegen dauerhaft glücklich leben, weil sie prinzipiell optimistisch in die Welt blicken, mit sich selbstbewußt im reinen sind und zudem offen und freundlich mit anderen Menschen umzugehen verstehen.

Glückliche Menschen haben folgende vier Merkmale gemeinsam: Sie

– haben ein starkes Selbstwertgefühl,
– glauben, Kontrolle über das eigene Leben zu haben,
– sind Optimisten,
– sind extravertiert und sozial orientiert.

An eine andere Form der Glücksfähigkeit hat der amerikanische Verhaltensmediziner Paul Rosch nachdrücklich erinnert: an die fast vergessene Kunst des Müßiggangs. Angesichts der zunehmenden chronischen Störungen des leiblichen wie emotionalen Wohlbefindens würden »vielen von uns einige Lektionen in der Kunst der kontemplativen Selbsterneuerung und des Müßiggangs sicherlich ganz gut tun«, zieht der Präsident der amerikanischen Streßgesellschaft ein eindeutiges Fazit.

Rosch kritisiert vor allem, daß es vielen nicht mehr um »Frei-Zeit« als Möglichkeit der emotionalen Entspannung, Erholung und Muße gehe, sondern darum, aus den 24 Stunden eines Tages das Maximum herauszuholen – und »Freizeit zu arbeiten«, wie der epidemisch um sich greifende Freizeit-Streß verdeutliche.

Auf Dauer könne dies aber nicht gut gehen – nicht nur gesundheitlich. Wer seine eigene emotionale Kultur um die Kunst des Müßiggangs bereichern möchte, dem rät Rosch als sinnvollen Anfang, einfach die Aktivitäten aufzuschreiben und sich bewußt zu machen, die man im

## Flow: Glücksgefühle pur?

Der amerikanische Psychologe Mihalyi Csikszentmihalyi hat in den vergangenen Jahren ein viel-
versprechendes Verhaltens- und Erlebnisphänomen
erforscht, das er als »Flow« (»Im-Fluß-Sein«)
beschreibt. Wesentliche Charakteristik: In diesem
einzigartigen, von äußeren Anreizen unabhängigen
Seins- und Glückszustand des Flow sind völlige
Konzentration, das Aufgehen in der Tätigkeit und
die Auflösung der Grenze zwischen Wahrnehmung
und Sein charakteristisch – im Zustand des Flow
sind wir das, was wir tun.

Das charakteristische Glücksempfinden des Flow
beschreibt ein Tänzer so: »Deine Konzentration ist
vollständig. Deine Gedanken wandern nicht herum,
du denkst an nichts anderes. Du bist total in deinem
Tun aufgegangen, in deinem Körper hast du ein
gutes Gefühl. Der Körper ist überall wach. Deine
Energie fließt leicht. Du fühlst dich entspannt, ange-
nehm und energiegeladen.« In anderen Worten:
Flow als eine der höchsten Formen emotionaler Erfahrungen ist ein veränderter, erweiterter Bewußt-
seinszustand. Im Flow wird also bereits das Handeln
selbst, das »Einswerden mit der Aufgabe« als sinn-
voll, positiv oder belohnend erlebt. Im Gegensatz
dazu betrachtet die zweckrationale Konzentration
lediglich das Ergebnis als positiv.

Daniel Goleman bezeichnet die Fähigkeit, sich auf
das »Fließen« einzulassen, ausdrücklich als die
höchste Form von emotionaler Intelligenz: »Der
Flow ist vielleicht das Äußerste, wenn es darum
geht, die Emotionen in den Dienst der Leistung und
des Lernens zu stellen. Beim Flow sind die Emotionen nicht bloß beherrscht und kanalisiert, sondern

positiv, voller Spannung und auf die vorliegende Aufgabe gerichtet.«

Das euphorische Flow-Gefühl entsteht ähnlich den großen kreativen Durchbrüchen oder intuitiven Erkenntnissen nicht von selbst, sondern setzt einen in aller Regel langen und teilweise harten Lernprozeß im Sinne intensiver Vorbereitung und Konzentration voraus. Der Flow wird daher auch als »gemeisterte Herausforderung« charakterisiert, bei dem die intrinsische, von innen kommende Motivation und emotionale Hingabe von elementarer Bedeutung sind.

Verlauf der letzten Monate wirklich genossen hat: Fanden diese Aktivitäten am Abend statt, während des Wochenendes oder der Ferien? War man dabei allein oder zusammen mit Freunden und Familie? An welche Erlebnisse kann man sich erinnern, an denen man sich zutiefst erfreuen konnte und die seelisch im Wortsinne »aufbauten«? Was schenkte persönlich die größte Erfüllung oder Glück: Unterhaltungen, körperliche Aktivitäten, kreatives, künstlerisches Tun, Entspannung, Abenteuer, geistige Herausforderung, etwas zu Ende zu bringen, soziale Tätigkeiten wie Gemeindearbeit, Geselligkeit und Freundschaft, geistig-spirituelle Entwicklung oder persönliches Wachstum? Gibt es in dieser Aufzählung Dinge, an die man nun erstmals denkt und die man gerne tun würde?

Wie umfassend ein sinnvolles Streß- und Selbst-Management im Sinne einer gesunden Lebensführung ist, verdeutlicht der Medizinhistoriker Heinrich Schipperges: »Arbeit und Muße, Leistung und Erholung stehen in einem engen Bezug zueinander, der in seinem rhythmischen Wechsel und seinen Auslösungen auch die Sinnfragen des Lebens berührt.« So seien Aktion und Kontemplation, Anspannung und Entspannung ein in sich geschlossenes Wechselspiel, mit dessen Gleichgewicht und Ausgewogenheit wir unsere innere Spannkraft bewahrten.

## 6. Sport: Bewegung als leibseelische Gefühlskultur?

Es gilt mittlerweile nicht nur in der Medizin als ein Gemeinplatz, daß Bewegungsmangel körperliche und seelische Fehlfunktionen wesentlich mitverursacht: Da viele Menschen den Sinn für biologisch notwendige Spannungswechsel und natürliche Körperrhythmen weitgehend verloren haben, fehlt ihnen auch eine existentielle Grundlage für ihr seelisches Wohlbefinden.

Unter individualpsychologischen Vorzeichen ist Sport ein geradezu ideales Mittel gegen emotionale Verstimmungen und Streß: Sportliche Aktivitäten wirken so entspannend und streßabbauend, daß man mit Blick auf die positiven Wirkungen fast von einer »Körper-Psychotherapie« als Gesamtkunstwerk für Leib und Seele sprechen könnte.

Er beeinflußt folgende gesamtorganismische Vorgänge positiv:

- seelisches Gleichgewicht: gesteigertes psychisches Wohlbefinden, Abbau depressiver und ängstlicher Zustände
- allgemeine Vitalisierung: aktiviert den Stoffwechsel, löst muskuläre Verspannungen
- erhöhtes Selbstwertgefühl: schon wenige Minuten tägliches Training führen zu einer spürbaren und dauerhaften Zunahme des Selbstwertgefühls

Die sportliche Aktivität stellt insgesamt das verläßlichste Breitbandmittel zur Eigenbehandlung gegen Streß und Sorgen dar: Man wird damit nicht nur seine schlechte

Laune los, sondern es hilft zudem, sich zu entspannen –
und Energie zu tanken.

Jahrzehntelang ging die Wissenschaft davon aus, daß
muskuläre Leistungen dem höheren Nervensystem und
Gehirn keine erhöhten Anstrengungen abverlangen. Dies
ist nun widerlegt: Sport fördert auch die Gehirntätigkeit.
Mit hochmodernen sogenannten bildgebenden Verfahren wie dem PET, der Positronen-Emissionstomogra-
phie, konnte man beweisen, daß gesteigerte Muskelak-
tivität zu einer deutlich stärkeren Durchblutung des
Gehirns führt und dieses vor allem mit Endorphinen, den
körpereigenen »Rauschmitteln«, versorgt.

Zusammen mit der Tatsache, daß durch natürliche
(Ausdauer-)Aktivität und Bewegung das vegetative Ner-

### Natursport

Die positive Wirkung des Sports kann noch deutlich
gesteigert werden, wenn man ihn in der freien Natur
betreibt. Wie amerikanische Sportmediziner und
-psychologen von der University of West Virginia
zeigen konnten, profitieren Läufer, die ihren sportli-
chen Aktivitäten in der Halle nachgehen, weit weniger von ihrem ansonsten gesunden Tun als dies in
natürlicher Umgebung der Fall wäre.

Aufgrund der reinen körperlichen Aktivitäten erhöhten sich zwar bei den untersuchten Läufern drinnen
wie draußen die physiologisch positiven Werte wie
Herzschlag oder Pulsfrequenz gleichermaßen. Ansonsten gab es allerdings gravierende Unterschiede,
vor allem unter psychischen Vorzeichen: Während
sich die »Naturläufer« nämlich nach ihrem Lauf
sehr viel fitter, gestärkter, erfrischter und zufriedener als davor fühlten, zeigten sich die Hallensportler
danach müder und niedergeschlagener.

## Extrem-Sport: Die Lust an der Angst

Die positiven Wirkungen des Sports gelten natürlich auch für die sogenannten Extrem-Sportarten – da die emotionale Lust am Risiko vor allem körperlich erfahren wird.

Im allgemeinen wird Angst natürlich als unlustvoll erlebt. Dennoch kennen praktisch alle Menschen eine gewisse Lust an der Angst: das packende, in den Bann ziehende Gefühl, wenn Gefahr und Furcht zu einer stimulierenden, ebenso aufregenden wie erregenden Erfahrung werden – Thrill als Angst-Lust oder Kick, Nerven-Kitzel eben. Herrscht oder droht über längere Zeit Langeweile, führen wir emotionale Aufregung künstlich herbei oder erleben sie stellvertretend vor der Kinoleinwand und dem Fernsehbildschirm. »Ohne Krimi geht die Mimi nie ins Bett« hieß ein für heutige Ohren schrill und lebensfremd klingender Gassenhauer aus den frühen sechziger Jahren. Der Schlager-Titel bringt dennoch treffend zum Ausdruck, was viele für ihr emotionales Gleichgewicht offenkundig brauchen – etwas »Nerven-Kitzel«.

Für das Glück der modernen Abenteuersucher ist dabei insbesondere der Aspekt der selbsterlebten Grenz- oder Gefahrensituation verantwortlich: Nach vorliegenden Erfahrungsberichten erleben viele Extremsportler ein umso stärkeres Glücksgefühl bei ihrer Aktivität, je schwerer die Selbstüberwindung zuvor fiel. Der Thrill wird gewissermaßen zur Droge. Und dies im wörtlichen Sinne: Unter Höchstbelastung wie Streß und Angsterleben nämlich produziert der Organismus körpereigene Opiate – sogenannte Endorphine –, die biochemisch für Euphorie sorgen können.

vensystem »gedämpft« und der Pegel an Streßhormonen gesenkt wird, erklärt diese Entdeckung, warum körperliche Bewegung und Sport so hervorragend gegen emotionalen Streß wirken: Sie machen nämlich buchstäblich den »Kopf frei« und ermöglichen Freude und Glücksgefühle.

### 7. »Self Science«: Hohe Schule der Gefühle

Am Nueva Learning Center in San Francisco vollzieht sich unter dem Begriff »Self Science« – etwa: Kunst oder Wissenschaft vom Selbst – seit Jahren eine Revolution im modernen Unterricht. Dort wird nicht nur die kognitive, sondern konsequent auch die emotionale Intelligenz geschult. Wie beispielsweise Daniel Goleman umfassend erläutert, vollzieht sich dort das Lernen nicht isoliert von den Emotionen der Kinder: Emotionale Bildung ist für das Lernen genauso wichtig wie der Unterricht in Rechnen und Lesen.

Die wesentlichsten Punkte der hohen Gefühlsschule der Self Science lassen sich zusammengefaßt als »Lehrplan zur emotionalen Alphabetisierung« darstellen – ein umfassendes Gefühls-ABC, das nicht nur Kindern eine wichtige Lebensorientierung zu geben vermag:

– Selbstwahrnehmung:
  Sich selbst und die eigenen Gefühle verstehen; Gefühle auch sprachlich ausdrücken und Zusammenhänge zwischen Gedanken, Gefühlen und Reaktionen erkennen
– Entscheidungen treffen:
  Erkennen, ob eine Entscheidung – und ihre möglichen Folgen – vom Denken oder vom Gefühl bestimmt ist
– Umgang mit Gefühlen:
  Erkennen, was »hinter« einem Gefühl steckt, wie etwa eine mögliche Verletzung bei Wut; Wege finden,

um mit seinen Gefühlen und Frustrationen fertig zu werden
- Mitgefühl und Empathie:
Gefühle und Probleme anderer verstehen und sich in sie hineinversetzen
- Kommunikation:
Über Gefühle klar sprechen können und ein guter Zuhörer sein
- Sich öffnen und Vertrauen in Beziehungen schaffen
- Einsicht:
Muster im eigenen Gefühlsleben und Reaktionen bei sich wie bei anderen erkennen
- Selbstakzeptanz:
Sich positiv erleben, Stärken und Schwächen anerkennen und über sich lachen können
- Kooperation:
Gespür für Gruppendynamik entwickeln und erkennen, wann und wie man sich unterordnen oder auch die Führung übernehmen soll
- Streßabbau:
Lernen, was man mit körperlicher Bewegung, Vorstellungsübungen und Entspannungsübungen alles für seine Gefühlswelt tun kann

# VII. Die Logik des Herzens

Die Welt der Gefühle ist bedeutender und für unser Dasein wichtiger, als es sich viele Menschen im Westen bisher bewußt gemacht haben. Gerade die Postmoderne in ihrer Komplexität hat die Bedeutung der emotionalen Intelligenz und die Macht der Gefühle wieder entdeckt: sie scheinen nicht mehr länger als störend oder unprofessionell zu gelten, sondern im Gegenteil für eine erfolgreiche – und glückliche – Lebenspraxis sehr förderlich.

## 1. »Ich fühle, also bin ich«

Über den Sinn oder Wert von Gefühlen ist in den Sozial- und Verhaltenswissenschaften viel geschrieben worden – eine der tiefsten Einsichten formulierte dabei der Anthropologe Robert Solomon: »Ich behaupte, daß es Emotionen sind – und nur an der Oberfläche unsere Vernunft – die dem Leben Sinn und Daseinsberechtigung verleihen«. Diese fundamentale Bedeutung der Gefühle betont auch Psychologieprofessor Rolf Oerter: Emotionen sind für das Individuum »letzte Garantie für die Existenz von sich selbst und der Welt«, da Fühlen im wesentlichen bedeutet »zu fühlen, daß man ist«.

Gegenüber solch grundlegenden Erkenntnissen über die existentielle Macht der Gefühle verblaßt auch das ideengeschichtlich jahrhundertelang so einflußreiche »Cogito ergo sum« von Descartes. Die Welt ist viel zu kompliziert und komplex geworden, als daß man sie mit den begrenzten Mitteln der Rationalität bewältigen könnte. Angesichts der Befunde der modernen Emotionsforschung zur Bedeutung der emotionalen Intelligenz wird die Zukunft absehbar von der Prämisse »Ich fühle, also bin ich!« bestimmt. So könnte man in Anlehnung an den berühmt gewordenen philosophischen

Wahlspruch der Aufklärung »Sapere aude!« – »Habe Mut, dich deines Verstandes zu bedienen!« heute sinnvollerweise fordern: »Habe Mut, dich deiner Gefühle zu bedienen!«.

Auf die Frage, ob das Ende des analytisch-kognitiven Zeitalters gekommen sei, antwortete Emotions-Experte Goleman im übrigen deutlich mit »Nein« – es gehe vielmehr darum, »das Herz zur rationalen Intelligenz hinzuzuaddieren«.

## 2. Ökologie der Gefühle

Der Philosoph David Hume glaubte, daß wirkliche Moralität nicht auf den Kräften des Verstandes oder der Logik, sondern im Gegenteil auf Gefühlen wie Sympathie oder Güte beruhe. Für den amerikanischen Sozialphilosophen Robert Frank kehren wir allmählich zu der Vorstellung zurück, daß Menschen emotional zur Gemeinschaftsbildung geschaffen sind und dazu, in kooperativen Beziehungen zu anderen Menschen Geborgenheit zu suchen.

Für viele Evolutions- und Sozialpsychologen ist in den letzten Jahren immer deutlicher geworden, daß auch Menschen über ein genetisches, angeborenes Bindungs-, Geselligkeits- oder Zusammengehörigkeitsmotiv verfügen. Dafür spricht beispielsweise die in allen Kulturen zu beobachtende Fähigkeit des Menschen, spontan Beziehungen oder Kontakte zu anderen zu knüpfen, ohne sich davon irgendwelche materiellen Vorteile zu versprechen – oder auf Beziehungsbrüche mit Gefühlen des Kummers und der Trauer zu reagieren.

Sozialpsychologen erkennen dabei, daß wir durch unseren Lebensstil gerade dieses elementare Bedürfnis nach Geborgenheit und menschlicher Nähe vernachlässigen: Wir haben zwar viel Kontakt zu anderen – etwa auch über technische Mittel aller Art –, aber in dieser

Vielzahl allzuhäufig nur oberflächlicher Kommunikation erleben wir zu wenig von den Gefühlen, die wir für unser leibseelisches Wohlbefinden am stärksten benötigen: Geborgenheit, Bindung, Intimität, Nähe und Freundschaft.

So betrachtet ist der schnellebende postmoderne Mensch notorisch unglücklich. Ändern wird sich dies erst dann, »wenn wir uns bewußt machen«, so das Fazit der Psychologin und Publizistin Ursula Nuber, »daß das Bedürfnis nach Geborgenheit ebenso elementar ist wie unser Bedürfnis nach Nahrung, Sexualität und Sicherheit«. Vielleicht widmen wir dann der Befriedigung dieses Bedürfnisses mehr Aufmerksamkeit.

Vor diesem Hintergrund muß daher wohl jeder, der emotional intelligent sein möchte, als unverzichtbare Grundlage die Kunst des liebevollen und freundschaftlichen Miteinanders erlernen. Das Leben gibt ihm jede Menge Möglichkeiten dazu.

Die Psychologen betonen dabei, daß an den vermeintlichen »Abhängigkeitsbedürfnissen« nach Geborgenheit oder »Contact, Care and Comfort« nichts Schlechtes sei. Vielmehr müsse das Ideal der Selbstgenügsamkeit als ein realitätsferner Mythos kritisiert werden, da wir als soziale Wesen nicht für physische und emotionale Isolation geschaffen sind. Im Gegenteil: Im tiefsten Grunde unserer Seele sind wir Bindungswesen und nicht nur emotional auf andere angewiesen, und das ein Leben lang – gerade auch in unseren einsamsten Stunden. Vielleicht liegt darin sogar das wahre Geheimnis, warum eine entwickelte emotionale Intelligenz als lebenslängliches Glücksversprechen gelten darf.

# VIII. Anhang

## Adressen

Wer seine emotionale Intelligenz entwickeln oder sich mit seiner eigenen Gefühlswelt in bestimmten Teilbereichen wie soziale Kompetenz, Kommunikationsverhalten oder Streßmanagement intensiver beschäftigen möchte, kann dafür auch professionelle Hilfe in Anspruch nehmen.

## Gefühlsseminare

Im Bereich der beruflichen Fort- und Weiterbildung gibt es sehr viele Seminare oder Trainings, die den Umgang mit Gefühlen schulen. Dazu zählen beispielsweise alle Angebote zur kommunikativen oder sozialen Kompetenz sowie zur Persönlichkeitsentwicklung.
Informationen vermitteln :

DGFP
Deutsche Gesellschaft für Personalführung
Niederkasseler Lohweg 16
40547 Düsseldorf
Tel.: 02 11/5 97 81 52

BDVT
Bund Deutscher Verkaufsförderer und Trainer
Hohenzollernring 48
50672 Köln
Tel.: 02 21/25 31 21

## Psychotherapien

Die Welt der Gefühle spielt naturgemäß in praktisch allen Psychotherapien eine große Rolle. Je nach Interesse und

Einzelfall gibt es sehr viele Möglichkeiten, psychotherapeutische Methoden auch zur Entwicklung der emotionalen Ressourcen zu nutzen – von klassischen Verfahren
wie Psychoanalyse, Gesprächs- oder Verhaltenstherapie
über körperorientierte Methoden der Atemtherapie oder
Bioenergetik bis zu kunsttherapeutischen Ansätzen der
Musik-, Mal- oder Tanztherapie und anderen. Wer sich
informieren möchte, findet in allen Städten zentrale Be-
ratungseinrichtungen für psychosoziale Hilfen o.ä.
Informationen vermitteln auch:

Berufsverband Deutscher Psychologen (BDP)
Bundesgeschäftsstelle Heilsbachstraße 22
53123 Bonn
Tel.: 02 28/64 07 26

DGVT
Deutsche Gesellschaft für Verhaltenstherapie
Postfach 1343
72003 Tübingen
Tel.: 0 70 71/4 12 11

**Partnertherapien**

Wer sich über emotionale Probleme in Ehe, Familie oder
Partnerschaft informieren möchte, kann dies etwa an den
örtlichen Beratungsstellen von Pro Familia tun; zentrale
Informationen gibt:

Pro familia
Stresemannallee 3
60596 Frankfurt a.M.
Tel.: 0 69/63 90 02

**Streßmanagement**

Wer sich für emotionales Streßmanagement interessiert,
sollte sich zunächst an die jeweiligen örtlichen Kranken-

kassen wenden, da praktisch alle Kassen mittlerweile entsprechende Kurse offerieren.

Darüber hinaus bieten auch die örtlichen Volkshochschulen und viele Selbsthilfegruppen Seminare zur emotionalen Entwicklung an.

Die Emotions Anonymous sind als Selbsthilfegruppen bei Gefühlsstörungen organisiert:

Emotions Anonymous (EA)
Katzbachstraße 33
10965 Berlin
Tel.: 0 30/7 86 79 84

oder:

Emotions Anonymous (EA)
Hohenheimer Straße 75
70184 Stuttgart
Tel.: 07 11/24 35 33

# Weiterführende Literatur

*Argyle, Michael; Henderson, Monika:* Die Anatomie menschlicher Beziehungen. Spielregeln menschlichen Zusammenlebens. Paderborn 1988.

*Averill, James; Nunley, Elma:* Die Entdeckung der Gefühle. Ursprung und Entwicklung unserer Emotionen. Hamburg 1994.

*Bruns, Gerhard:* Persönliche Karrierepläne. Düsseldorf 1991.

*Ciompi, Luc:* Affektlogik. Über die Struktur der Psyche und ihre Entwicklung. Stuttgart 1983.

*Csikszentmihalyi, Mihalyi:* Glücklich Sein. Stuttgart 1992.

*Damasio, Antonio:* Descartes' Irrtum. Fühlen, Denken und das menschliche Gehirn. München 1995.

*Dörner, Dietrich:* Lohausen. Vom Umgang mit Unbestimmtheit und Komplexität. Bern 1983.

*Epstein, Seymour:* Sie sind viel klüger, als Sie denken. Was man mit Intuition und Verstand erreichen kann. München 1994.

*Erikson, Erik:* Kindheit und Gesellschaft. Stuttgart 1976.

*Ernst, Heiko:* Psychotrends. Das Ich im 21. Jahrhundert. München 1996.

*Ewert, Otto:* Probleme und Ergebnisse der Emotionsforschung. In: *Thomae, Hans (Hrsg.):* Theorie und Formen der Motivation. Enzyklopädie der Psychologie, C IV 1. Göttingen 1983.

*Faix, Werner; Leier, Angelika:* Soziale Kompetenz. Wiesbaden 1991.

*Felten, David:* Das Gehirn und das Immunsystem. In: *Moyers, Bill:* Die Kunst des Heilens. Vom Einfluß der Psyche auf die Gesundheit. München/Zürich 1994.

*Frank, Robert:* Strategie der Emotionen. München 1992.

*Gardner, Howard:* Abschied vom IQ. Die Rahmen-Theorie der vielfachen Intelligenzen. Stuttgart 1991.

*Goldberg, Philip:* Der zündende Funke – Die Kraft der Intuition. Düsseldorf/Wien 1993.

*Goleman, Daniel:* Die Intelligenz der Gefühle. München 1996.

*Heller, Agnes:* Theorie der Gefühle. Hamburg 1982.

*Hirshberg, Carlyle; Barasch, Marc:* Unerwartete Genesung. Die Kraft zur Heilung kommt aus uns selbst. München 1995.

*Izard, Carroll:* Die Emotionen des Menschen. Weinheim 1994.

*Kabat-Zinn, Jon:* Gesund und streßfrei durch Meditation. Das große Buch der Selbstheilung. Zürich 1991.

*Kahle, Gerd (Hrsg.):* Logik des Herzens. Die soziale Dimension der Gefühle. Frankfurt a. M. 1981.

*Kleinginna, Peter; Kleinginna, Alice:* A categorized list of emotion definitions. In: Motivation and Emotion 5, 1981.

*Kruse, Otto:* Entwicklungstheorie der Emotionen. In: *Petzold, Hilarion (Hrsg.):* Die Wiederentdeckung des Gefühls. Paderborn 1995.

*Lantermann, Ernst-Dieter:* Kognitive und emotionale Prozesse beim Handeln. In: *Mandl, Heinz/Huber, Günter:* Emotion und Kognition. München 1993.

*ders.:* Ravenhorst. Gefühle, Werte und Unbestimmtheit im Umgang mit einem ökologischen Scenario. München 1994.

*Laux, Lothar; Weber, Hannelore:* Emotionsbewältigung und Selbstdarstellung. Stuttgart 1993.

*LeDoux, Joseph; Gazzaniga, Michael:* Neuropsychologische Integration kognitiver Prozesse. Stuttgart 1988.

*Mandl, Heinz; Huber, Günter (Hrsg.):* Emotion und Kognition. München 1993.

*Mayer, John; Salovey, Peter:* Emotional Intelligence. Imagination. In: Cognition and Personality 9, 1990.

*Mogl, Hans:* Geborgenheit. Heidelberg/Berlin 1995.

*Nuber, Ursula:* Geborgenheit – die Wiederentdeckung eines alten Gefühls. In: Psychologie Heute, Heft 4, 1996.

*dies.:* Der Mythos vom frühen Trauma. Über Macht und Einfluß der frühen Kindheit. Frankfurt a. M. 1995.

*Oerter, Rolf:* Emotion als Komponente des Gegenstandsbezuges. In: *Mandl, Heinz; Huber, Günther (Hrsg.):* Emotion und Kognition. München 1993.

*Petzold, Hilarion (Hrsg.):* Die Wiederentdeckung des Gefühls. Emotionen in der Psychotherapie und der menschlichen Entwicklung. Paderborn 1995.

*Plutchik, Robert:* A general psychoevolutionary Theory of Emotion. In: *ders.; Kellerman, Howard (Hrsg.):* Emotion. Theory, Research and Experience. New York 1980.

*Rosch, Paul:* Die Kunst des Müßiggangs. In: Psychologie Heute, Heft 10, 1995.

*Sartre, Jean-Paul:* Skizze einer Theorie der Emotionen. In: *ders.:* Die Transzendenz des Ego. Philosophische Essays. Reinbek 1982.

*Scherer, Klaus:* Wider die Vernachlässigung der Emotion in der Psychologie. In: *Michaelis, W. (Hrsg.):* Bericht über den 32. Kongreß der Deutschen Gesellschaft für Psychologie. Göttingen 1981.

*Schmitz, Hermann:* Gefühle in philosophischer Sicht. In: *Petzold, Hilarion (Hrsg.):* Die Wiederentdeckung des Gefühls. Paderborn 1995.

*Schober, Reinhard:* Nichts ist unmöglich mit Konzentration. München 1993.

*Schulz von Thun, Friedemann:* Miteinander reden – Störungen und Klärungen. Reinbek 1981.

*Seneca:* Vom glückseligen Leben. Stuttgart 1968.

*Siegrist, Johannes:* Sozioemotionaler Rückhalt als Schutzfaktor bei Herzpatienten. In: Herz, Heft 20, 1995.

*Solomon, Robert:* Emotionen und Anthropologie – Die Logik emotionaler Weltbilder. In: *Kahle, Gerd (Hrsg.):* Logik des Herzens. Die soziale Dimension der Gefühle. Frankfurt a. M. 1981.

*Sternbert, Robert:* Über Liebe spricht man doch. Lektionen in Beziehungsintelligenz. Düsseldorf 1992.

*Ulich, Dieter:* Das Gefühl. Weinheim 1992.

*Vygotskij, Lev:* Denken und Sprechen. Frankfurt a. M. 1984.

*Wagner-Link, Angelika:* Verhaltenstraining zur Streßbewältigung. München 1995.

*Wallerstein, Judith:* Das Einmalneun des Eheglücks. In: Psychologie Heute, Heft 2, 1996.

*Wieland-Burston, Joanne:* Chaotische Gefühle. Wenn die Seele Ordnung sucht. Stuttgart 1989.

*Wippich, Jürgen; Derra-Wippich, Ingrid:* Lachen lernen. Eine Einführung in die Provokative Therapie Frank Farrellys. Paderborn 1996.

# Stichwortregister

Achtsamkeit 72, **75**, 76
Affekt 12
Affektlogik 24
Aggression 33
Alarmreaktion 19
Altruismus 33
Angstbewältigung 61
Ärger **53**
Autogenes Training 70f

Bewegungsintelligenz 25, 28
Beziehungsintelligenz 47

Charisma 35, 43
Charakter 43f
»Chronic Fatigue Syndrom«
    (CFS – Chronisches Müdigkeits-
    und Erschöpfungssyndrom) 65f
Contact, Care and Comfort
    (Beziehungen, Zuwendung und
    Pflege) **56f**, 87

Egoismus 33
Einfühlungsvermögen 26
»Einmalneun« des Partnerglücks
    48f
Emotion
– Erlebnischarakter 15
– Funktion 42
– situationsbezogene 14, 18
– sozialer Aspekt 18
– umweltbezogener Aspekt 18
– und Handlung 42
– und Kognition 40
– und Stimmung, Unterscheidungs-
    merkmale 12
Emotionale Entspannung 66,
    68–72
Emotionale Erlebnisqualität 12
Emotionale Intelligenz, Vererbbar-
    keit 30
Emotionaler Lebenslauf **45**
Emotionales Bewußtsein 23f
Emotionsbewältigung 60f, 63f
Emotionsforschung 9, 12, 18, 85
Emotionsstile **62**

Empathie 29
Endorphine 81f
Entwicklungspsychologie 32f
EQ-Test 26f
Evolution der Gefühle 19
Extrem-Sport **82f**

Fähigkeiten bei gelungener emotio-
    naler Entwicklung 33
Flow 73f, **78f**
Freude und Immunsystem **53**
Fühl-, Denk- und Handlungs-
    programme 24f

Gefühle
– Entstehung im Kopf **21**
– Ereignisabfolge bei der Ent-
    stehung **10**
– der Geschlechter 50
Gefühlsblindheit 19
Gefühlsentstehung, körperliche
    Vorgänge 16
Gefühlsmanagement 60
Gefühlsmerkmale **15**
Gefühlstheorie 16, **17**
Glück 76–80
Grundgefühle **11**
Grundstimmung 12

Handlungs-Kontrollmodell 40,
    **41**
Heureka **30**, 31
Hirnforschung 19
Humor **67**
Hypnose 69f

Impulskontrolle 27
Intelligenzbegriff 24
Intelligenzforschung 26
Intelligenzquotient 7
– und EQ **26ff**
Interaktionsregulation 37
Intimität 87
Intra-individuelle Gefühle **34f**
Intuition 7, 30f
Involviertheit, emotionale 74

James-Lange-Theorie 16

Kognition und Emotion, Zusammen-
  hänge 18f
Kognitiv-soziale Emotionstheorie
  16
Kommunikation, emotionale **36**
Kommunikationsfähigkeit 38
Kreativität 30f

Lebensgefühl 12
Leidenschaft, Intimität und Bindung
  **49**, 50
Liebesfähigkeit 47
Logik 23

Mandelkern (Amygdala) 19ff
Meditation 71f
Menschenkenntnis 26, 30
Meta-Emotion 72
Moral 33, 86
Multiple Intelligenz 28
Müßiggang 77
Musik **63**
Mutter-Kind-Beziehung 46

Nachrichtenquadrat **36**

Persönlichkeitskompetenz **44**
Primäremotionen 11
»Profile of nonverbal sensibility«
  (PONS) 26
Progressive Relaxation 68ff
Psychoneuroimmunologie (PNI) 51f

Sechs Formen der Liebe 47, **48f**
Selbst-Management 79
Selbstgespräche, positive **65**
Selbstheilungskräfte 58
Selbstwahrnehmung 29
Self-Science 83f
Sensumotorische Intelligenz **34f**
Soziale Intelligenz 27f
Sozialkompetenz 35, 38f, 44
Sozioemotionaler Rückhalt 54
Spontanremission 58
Sport **63**, 80–83
Stimmung 12
Streiten, gesundes 58
Streß 51ff
Streßmanagement 64–68, 79

Training sozialer Kompetenz **39**

Urvertrauen 45f

## Verzeichnis der Grafiken und Tabellen

Ereignisabfolge bei der Entstehung eines Gefühls nach Robert
Plutchik 10
Gefühlstheorie nach William James (1884) und Carl Lange
(1885) 17
Gefühlstheorie nach Walter Cannon (1927) 17
Kognitiv-soziale Theorie der Entstehung von Gefühlserlebnissen
nach Stanley Schachter und Jerome Singer (1962) 17
Wie Gefühle im Kopf entstehen 21
Das Leibsubjekt mit seinem emotionalen Feld und Kontinuum 22
Stufen der intellektuellen und affektiven Entwicklung nach
Jean Piaget (1981) 34
Die vier Faktoren einer Nachricht 36
Das Handlungs-Kontrollmodell nach E. Lantermann 41

# Stichwort

Information und Wissen in kompakter Form.
»Die Taschenbuch-Reihe gibt knappe, übersichtliche und
aktuelle Auskünfte zu den jeweiligen Themen.«
*WESTFÄLISCHE RUNDSCHAU*

**Angst**
19/4062

**Autismus**
19/4019

**Börse**
19/4008

**Bosnien**
19/4048

**Dalai Lama**
19/4067

**Drogen**
19/4046

**EU**
19/4000

**Frauen im Islam**
19/4041

**Geheimbünde**
19/4004

**GUS: Völker
und Staaten**
19/4002

**Habsburger**
19/4022

**Intelligenz**
19/4028

**30. Januar 1933**
19/4016

**Judentum**
19/4055

**Das ehemalige
Jugoslawien**
19/4023

**Konjunktur
und Krise**
19/4032

**Neue Medien**
19/4075

**Nostradamus**
19/4063

**Öko-Management**
19/4034

**Ozonloch**
19/4014

**Palästinenser**
19/4045

**Psychotherapien**
19/4006

**Scientology**
19/4068

Wilhelm Heyne Verlag
München